本书获 "2014 年贵州出版传媒事业发展专项资金资助"

政协开阳县委员会 ⊙ 编

『文化记忆·民族村落』丛书

水东土司官衙

马头寨

MaTouZhai

贵州出版集团
贵州人民出版社

目录

丛书编委会

主　任：徐　圻
副主任：苏　桦

编　委：方玉明　张怀惠　谭黄河　万志惠
　　　　蒋本俊　陈　东　张宁兵　张　奔
　　　　张江英

总　纂：张江英　张良君
撰　稿：张江英　何先龙　宋升素　林柏海
　　　　宋勇军
摄　影：周　杰

序

话说村寨

⊙ 彭兆荣

贵州省社会科学院的索院长嘱我为其主编的贵州古村寨系列作序，我不能拒绝。对她不能，因为她是我的好朋友；对我不能，因为记忆中最好的时光留在了贵州，那是我生命遗产的一部分；对民族村寨也不能，因为我跑了好多年贵州的村寨，也跑了好多贵州的村寨。

这一套丛书写得很有特色，最大的特点是以作者与村民的对话为线索，所以有了本序的"话说"：既有村民"言说"自己的村寨，有作者"访问"中的村寨，有"访谈"对话的设计，有时代语境的特殊"词汇"，也有序者对心里尘封老照片的历史"独白"，当然还有"让历史告诉未来"的后续……

所有的人都明白，言说是人类最为本真、最为通常的一种交流和表达方式。学术界曾经对"口述"做过考古测定：人类最迟在大约旧石器时代中期时，发声器官就已经进化得比较完善。也就是说，人类相对复杂的口头交际也就产生了。而这是距今大约10万年前的事情。

或许也正因为如此，人类在口头表述方面遗下了各种各样的言说"音声"和"语词"：人们劳动时所发出的"哼呀嗨哟"，据说是劳动的音像；有人说这是"诗歌"的渊薮。有人说，声音是自然的发音和模仿，是为"人道"，诚如《礼记·乐记》所云："乐必发于声音，形于动静，人之道也。"

人们所熟悉我国古代的"论语"，是孔夫子教学的一种方式，于是，"子曰"拉开了正统中式教育的序幕。现代的人们又将"话语"挂在嘴边，心里想的却全是政治"权力"。其实，中国古来就有这样的政治。《礼记·乐记》就有："声音之通，与政通矣。"

恰巧，在近时的遗产事业中也将"口头传承"当成一种人类非物质文化遗产重要样态。当代学术界也在热烈讨论作为历史的"口述传统"，学者们将人类的"口头文化"与"书写文化"对立进而反思，通过对口述／书写"知识考古"的梳理，发现两种表述形式背后潜伏着巨大的"话语"权力和历史叙事。也因此，重新重视口头传统也包含着对书写权力抗争的意味。

相比较而言，人类的"书写"原来只不过是口述先祖的"后裔"。只是，一俟书写方式出现，尤其是被国家政治所相中，与印刷技术相结合，书写便成为表述权力的"注册商标"，并在"知识话语"的权力格局中形成了"区分与排斥"隔离规约，口述性表述方式按照既定的规则被区分、被排斥。这样，口述传统也就被挤兑到了民间俗文化的偏僻角落。

然而，文字表述的权力化"定格"，将口述传统中的鲜活特性扼杀殆尽。鲁迅先生曾以此为论题有过一段精彩的考述：

歌，诗，词，曲，我以为原为民间物，文人取为己用，越做越难懂，弄得变成僵石，他们又去取一样，又来慢慢地绞死它。譬如《楚辞》罢，《离骚》虽有方言，倒不难懂，到了杨雄，就特地"古奥"，令人莫明其妙，这就离断气不远矣。词，曲之始，也都文从字顺，到后来，可就实在难读了。（《鲁迅书信集·致姚克》，1934年2月20日）

从此看来，"书写过程"原来是一种具有历史性共谋"弑父"的过程，而自己也在这一过程中慢慢地"自残"。

人类学素以研究"过去"的村落为己任。研究对象大多是无文字的民族、族群，"口头叙述"遂为重要的认知来源。因此，与他们的"口头对话"也成为民族志"田野"范式的组成部分。在当今的实验民族志中，口述史时有被视为一种对"生命史"关照的对话方式。可知，"话说"原来并不简单。

这也提醒人们一种反思的维度：即口述更多属于"底层人民"发出的声音和习惯的表达方式。如果我们真正认可"人民创造历史"这一论断，那么，就要到社会基层去倾听人民的声音。本着这样的反思性认识，今天的许多学者自觉地来到人民的基层生活，索院长带领着她的团队正是秉承这样的原则：到民间去，到民族村寨去，去倾听他们的声音，去了解"乡土知识"和"民间智慧"。

正是藉于同样的原因，许多底层口述性历史资料也逐渐引起学界方法论的思考。传统既定的学科开始有了新的"整合"。今天，人类学家、民俗学家、文学家、史学家们已经开始联手研究底层人民一代代传递下来的口述历史，并通过这样的研究确立新式的"知识谱系"。学科、学术、学者也正在尝试着"联袂出演"的新剧目。

口述有其独特性，其中之一在于即兴口占的灵活性、现场性和创造性。它是鲜活的，是个性的，还是变化的。从研究角度，口述只是考据的一种"证据"，虽不可视之为唯一，却是当然不可或缺。对于纯粹的客观主义而言，它只是民间的表达；或许换一个场合、场景，或一位受访者，他们又有故事的"新版本"。这不奇怪。生活常新的景观也正反映在了这一个个故事版本的连缀之中。

贵州是一个多民族的省份。那里栖息着许多少数民族和民族。村寨是他们的家园。对他们而言，"家"是一个最具实体性、最有归属感的社会基层单位，无论是世居的还是迁徙的族群。同时，也是一个代际传承的遗产附着地。虽然"家－家园"的概念和意义一直处于变化之中，其内涵和外延的"边界"也不稳定，但从不妨碍"村落家园"是特定民族、族群人民生命和生活依据、依存、依附的归属之所。特定的人群是特定村落家园的主人。因此，由他们讲自己的故事，最为本真，也最为权威。

也正是在这个意义上，我们确立"家园遗产"的概念，它是人类遗产原初纽带，也是时下人们经常使用的"原生态"的根据。虽然在联合国教科文组织的定义中，遗产已经从地缘的、世系的、宗教的等范围上升到所谓"突出的普世价值"的层面，成为"地球村"村民共享的财产，但它也在同时强调，任何人类的遗产都要返回具体的"原乡"。那才是故事的原初地、始发地。

当笔者手捧着这一套沉重的书稿，心情也是沉重的。因为，其中的一些民族村寨我曾经走访过。他们中有我的朋友。一些少数民族的人民或许不识文字，却固然不乏讲述自己过去故事的本领。耳畔，乡亲们娓娓诉说仍余音袅袅。他们的故事常常这样开始着："古老古太……"，这样的"摆古"何尝不是一部民族和族群口述史的开始？要真正了解他们，何尝不从听他们的"心声"开始？

今天，我们回归最古老的口述，这或许是我们这一代学者以自己的方式参与古村寨保护行动的一种方式，以一种访谈的方式共同诉说家园变迁的历史。

如果你是这一块土地上的人民，如果你热爱这一块土地，请听听他们和我们的故事吧。"故事"本来就是历史：history—his story。

是为序。

2016 年 12 月 1 日于厦门大学

前言

贵州高原的老寨子

⊙ 索晓霞

〔一〕

贵州有许多与山水相依的老寨子

远远地看上去，很美

　　贵州的山貌多姿，有高原的雄奇，有山地的灵秀，有峡谷的浩荡，有洞穴的深幽，有山与水的交响……

　　贵州的山景多色，有四季远近高低各不同的绿，有满山遍野的杜鹃红梨花白桃花红菜花黄，有大瀑布旁彩虹的赤橙黄绿青蓝紫，有高原湖泊映照天空的碧蓝与金黄，有云雾变幻大山的妩媚与多情，有十里不同天的东边日出西边雨……

　　贵州的山寨多样。这种多样与山貌的多姿有关，与山景的多色有关，与文化的多彩有关。贵州是个多民族的省份，有18个世居民族，聚族而居，成为传统，因此，贵州高原上，分布有苗族的寨子，布依族的寨子，侗族的寨子，水族的寨子，瑶族的寨子……贵州高原，山有多高，水有多高，因此，这些古老村落，有的建在山顶，有的选在山腰，有的落在山脚，有的守在湖边。过去，交通闭塞，信息不畅，这些老寨子沿袭着古老的生产生活方式，传承着古老的文化传统，村民们说着自己民族的语言，穿着自己传统的民族服饰，过着自己传统的民族节日，与天地共存，与山水相依，形成了具有鲜明民族特色的村落文化，创造了与自然和谐相处的人文地理景观。

远观这些古老的村落，山赋予了它们独特的美。这种美与雨后的云雾缭绕有关，与黄昏的落日余晖有关，与梯田里天空的云彩有关，与月夜里婉转多情的歌声有关，与独特的建筑样式有关……过去，外界对这些古老的村落知之甚少。偶尔，晨曦侗寨里的炊烟，黄昏田坎上的老农，吊脚楼上梳妆的少女，梯田里天空变换的倒影，秋日里禾架上稻谷的金黄，节日里族群妇女华丽的服饰、集体的狂欢、神秘古老的仪式，被那些不怕山高路远的摄影家用镜头捕捉，被那些被感动的艺术家用绘画、歌舞进行创造与呈现，被学者们用文字进行生动地描述。那时，这些寨子犹抱琵琶半遮面，藏在深闺人未识。对大多数人来说，这些寨子远在天边，神秘，遥远。远远看过去，很美，但很难触及。

〔二〕
贵州有许多古老独特的寨子
走近了解，很魅

以前，交通不便，"望山走死马"，能走进老寨子的外人不多。加上语言的障碍，能够走进去了解的人更是少数。如今，路修通了，村里能看电视了，互联网进村了，人们开着车进寨子容易多了。

老寨子有许多古井、古树、古路、古桥、古屋，古老的民俗，老物件是老寨子的历史记忆。走走看看，拍拍照片，只能对这些物事留下些景观的记忆。如果有时间，如果住下来，与寨子中的老人们聊聊天，你会发现，那些井，那些树，那些桥，那些屋，那些民俗，都有看不见的魂。不仅如此，如果你呆得够久，如果你打破砂锅问到底，你会发现，老寨子里面有许多看不见的老故事，这些老故事有创世神话，有鬼神传说，有民族的历史记忆，有小人物的人生传奇，有人与自然的对话，有生与死的理解，有爱恨情仇的激情，有生活的大智慧，有生存的小心机……这些老故事与天地相关，与历史相连，与山林相系，与河流大地密不可分，与寨子中的人紧密相连。也许，鼓楼下闭着眼睛晒太阳的老人是村里的大巫师，村里百科全书似的活字典，全村人的精神领袖；也许，在与村民们喝酒聊天的时候，有人会告诉你，村里某某，一个相貌平平的男人是一位貌美如花的女子的投胎转世；当你追问某栋房子的门为什么被封堵？有人会告诉你"门朝洞，鬼来弄"，然后你会听到一段关于房主家的奇异故事；你会发现一个完全不起眼的山洞、村中一个看似平常的水塘，却藏着一场火灾的故事和相关的禁忌；修在村头的风雨桥不仅仅是给村民休息，还有锁住风水的保佑大家五谷丰登的美意……一个民俗活动，背后都有一系列故事。这些老故事是这些寨子的魂，也是这些寨子的根。

村落不仅仅是物质的构成，赋予这些物质以意义的，还有看不见的精神世界。老故事是老寨子的精神世界，它们藏在山林里，藏在溪流中，藏在山洞里，藏在绣衣里，藏在四季的更替里，藏在生老病死的仪式里，藏在老人的古歌里，藏在老人们的记忆中。它们与那些村寨中的古树、古街、古井、古桥、古屋、古民俗等看得见的物质文化和它们周围的自然环境一起共同构成了完整的、鲜活的村落故事……

"山林是主，我们是客"。他们靠山吃山，山是他们生存的依靠，但他们对自然山水充满敬畏，他们相信，万物有灵，他们用他们文化的方式与自然和谐相处。他们的堂屋供有天地国亲师的牌位，他们敬天地，爱国家，敬祖先，重师长。"饭养身，歌养心"，他们对生命充满敬畏，他们追求身心的平衡。他们在自己民族的传统中找到文化的归属感和身份感。

山给他们提供了庇护，山也造就了他们坚韧、执著、淳朴、豪放的性格，他们与山唇齿相依，他们筑屋，建寨，修路，他们开荒，造田，植林，他们创造出了稻鸭鱼一体的生态农业，他们栽岩盟誓共同保护山林，古老的村落与自然浑然天成，构成了独特的人文地理景观。

老故事让这些村寨有了历史的深度，有了文化的源头，有了时空的广度，也让这些老寨子有了与当代对话的高度。

如果你走进寨子，如果有机会了解寨子的古老故事，那收获的就不仅仅是城里人对乡村的诗意想象，也许，你会收获感动，收获震撼，收获沉思，收获惊喜……

〔三〕

贵州许多老寨子的文化记忆
正在渐行渐远

世上没有绝对抽象的文化，只有面对具体的人（人群）或物（事件）时，它才是可以理解和被感知的。村寨，是我们了解、理解一个民族的文化最基本也是最鲜活的小单元。

村寨文化是一个有机的整体，只有我们将需要了解的事物放置在这个有机的系统中，对它的理解才是真实的准确的。不仅如此，村寨与它所处的自然生态也是一个有机的整体，当我们认识这些有着久远的传统和历代积累的经验和智慧的文化时，也必须将村落放置在它的自然生境中，才是可以理解的。

贵州有许多老寨子，它们被人们描述为"文化千岛""散落在贵州高原的珍珠"。这些老寨子，是贵州高原开出的文化之花，是构成多彩贵州的最小的人文地理单元，是贵州民族文化的活态基因，村寨中的老故事，是贵州民族传统文化的宝贵文化记忆。可随着老人们的离去，年轻人的外出，这些文化记忆正逐渐消失。

2012 年 4 月，住房和城乡建设部、文化部、国家文物局、财政部联合启动中国传统村落的调查与认定，把具有典型性和代表性的村落列入国家名录予以保护。截止到 2014 年，全国共有 2555 个传统村落被列入名录，贵州省有 426 个传统村落入选，名列第二位。当保护传统村落成为一个热词被广泛关注时，这些老寨子作为村民们按自己的逻辑建设的生活场所，正在被外部的力量改变。

我们正处在一个激烈变革的时代，也处在一个信息爆炸的时代，当我们被各种铺天盖地的信息淹没的时候，这些古老村落的文化记忆正在离我们远去。过去，在相对封闭的自然生态和文化生态中，生活即教育，关于文化关于传统，孩子在成长的过程中通过耳闻目睹，通过言传身教，不断强化，不断习得，代代相传。如今，许多年轻人去了城市，许多在家的孩子接受的是现代学校教育，课堂上的内容与乡村没有了关联，与生于斯长于斯的村落没有了关系，传统文脉没有了延续的后人。村落里的老故事已经被年轻人认为是过气的旧事，不值一提。

新旧更替是历史的潮流，文化的创新也是大势所趋，当我们一次一次深入乡村，当我们一次比一次更艰难地挖掘那些看不见的文化意义，寻找乡村的精神世界时，我们发现，村落文化正在受到城市文化的巨大冲击，传统的农耕文明在现代文明的滚滚浪潮裹挟下不知何去何从，许多老故事随着老人的去世逐渐消失了，许多文化符号的意义失传了。这套丛书，是我们在从事国家社科基金项目"少数民族传统乡村社区文化环境保护与发展研究"时，对贵州一些民族村寨多次田野工作的一个成果，在大量的村民口述中，我们听到了他们对自己文化的传统，对自己村落的历史，对自己的文化的评价，虽然只是一些个体的说法，但也反映了一定的真实，至少，不是我们作为研究者和外来人想象出来、杜撰出来的。

作家阿城将贵州苗族文化的研究放置在中华文明形成的历史长河中，在《洛书河图》中，他通过造型解读认为，苗族服饰图案直接传承自新石器时代，是罕见的上古文明活化石。

我们希望，这些被记录下来的老故事，能给寻找乡愁的游子留些记忆，给传统村落的文化记忆留些口述的历史。

当口传的文化意义失传时，我们希望，我们在这些村落所做的记录，为后人了解、理解这些古老的村落留下些在场的记忆，为外人了解贵州高原上的文化传奇和文化的多姿做点我们小小的努力。

　　土司古寨——马头寨，是元、明两朝贵州水东土司底窝总管府遗址，有700多年历史，其古建筑群为国家级文物重点保护单位。

　　寨内文物古迹多，古建筑保存完好，对研究中国古代土司制度很有价值。

水东土司官衙
——
马　头　寨

第一章
地理马头寨

M A T O U Z H A I

一、地理位置

　　马头寨地处黔中腹地，在贵州省开阳县禾丰布依族苗族乡马头村境内，位于贵阳市北部、开阳县的西南部，东经 106°52′～106°55′，北纬 26°54′～26°56′，海拔 920 米～1210 米。地处云贵高原东侧梯状斜坡地带，长江水系流域乌江南岸清水江上游支流的清龙河畔。

　　清龙河是开阳县境内第三大河，发源于修文葛马河凉风台南麓，流经扎佐三里、纳鲊坝，沿途汇入大小支流，经过开阳县境内的王车、底窝坝、南江等地，汇入县内第二大河流清水江后，又汇入境内第一大河流乌江，最后进入长江。

　　玉带似的清龙河，最先进入禾丰王车村，流出王车时，在宽阔处拐了一个弯，便形成了金盆似的底窝田坝，然后穿村绕寨，流向南江大峡谷。清龙河穿流而过的底窝坝，因地势低凹平坦，长久的泥沙堆积而形成的大坝子，自古

远眺马头寨

美丽的清龙河

底窝坝

马头古寨一角

就是开阳的粮仓,四周散布有8个寨子,多是布依寨,属布依族聚居区。开阳境内的这段河流域,就是远近闻名的开阳十里画廊乡村旅游景区。

土司古寨马头寨所处的禾丰布依族苗族乡,在清龙河十里画廊之上段,东与南江布依族苗族乡为邻,南接乌当区羊昌镇,西靠修文县六屯乡和开阳县双流镇,北接开阳县城关镇,是开阳乡村旅游的龙头。

马头寨座落在底窝坝西端,清龙河西岸,朝向为坐西北向东南。面向美丽的底窝坝及流淌不息的清龙河,背靠百花大山,坐落在百花山东面根部,清龙河垂直距离40—80米高的平台上,距禾丰乡集镇约1000米。东面,隔着清龙河及河岸边底窝田坝与杨方寨、典寨、桐木寨、安官寨、煮羊坡相望。东南面,与坪寨相距约500米。西南面,是与百花大坡为一体山系的贵人山和萧家山。西面和西北面,是黄家田和深水河。这几个寨子与马头寨、水头寨合称"底窝八寨"。

这里属北亚热带和温暖带湿润气候,四季分明,春暖秋爽。冬无严寒,夏无酷暑,雨热同季,气候温和宜人,无霜期长。春迟夏短,秋早冬长,少云雾,湿度大。

马头寨村民劳作

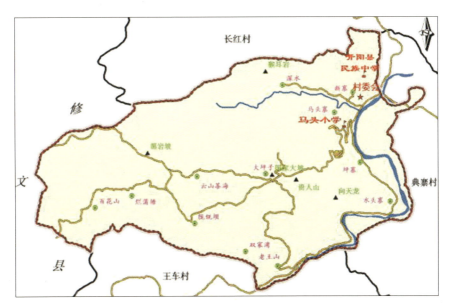

马头寨所在村行政区划图

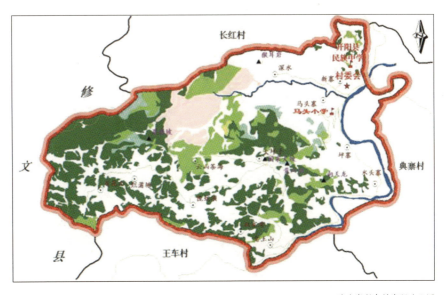

马头寨所在村资源分配图

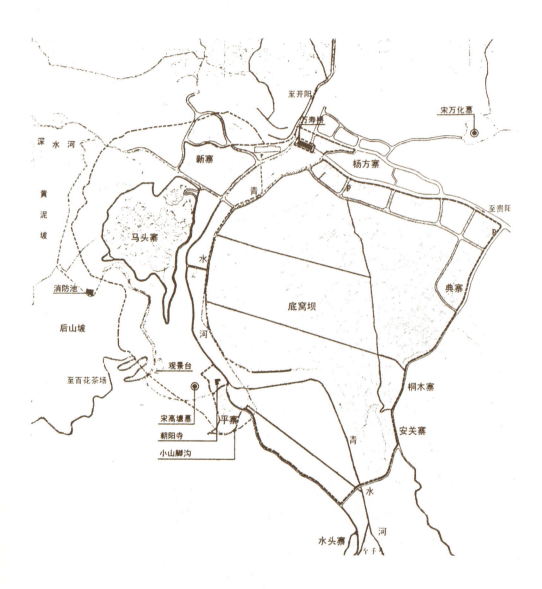

马头寨古建筑群保护区划图

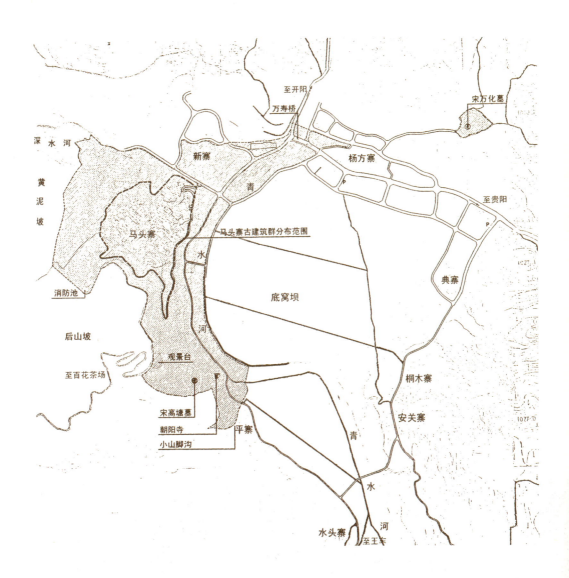

马头寨古建筑规划范围图

二、气候特点

马头寨所处的禾丰乡，属北亚热带和温暖带湿润气候，四季分明，春暖秋爽。冬无严寒，夏无酷暑，雨热同季，气候温和宜人，无霜期长。春迟夏短，秋早冬长，少云雾，湿度大。

冬季日照时数合计 185 小时，平均每天 2 小时，元月最少。7 月最多，平均为 190 小时，占全年日照时数的 45%。按季节分，春季占全年日照量的 25%，夏季占 45%，秋季占 24%，冬季仅占 6%。

这里不仅气候宜人，且土地肥沃。1996 年，开阳县聘请贵州师范大学环境与资源科学系历时 5 年时间对开阳县的土壤进行了全面普查，开阳县禾丰乡土壤富含硒元素。接着，又对禾丰乡土壤表层和农畜产品硒含量开发利用进行了研究，各项指标均为人体所需最佳标准。

适宜的气候，让这里一年四季都有花开。富硒的土壤，丰富的水资源，为当地种置水稻、小麦、油菜、玉米、花生等农作物提供了保障。

在适宜气候下生活的村民

马头寨人世世代代以农业为生，底窝坝是他们最富有的粮仓，当地人骄傲地称其"米窝坝"。底窝坝地肥水美，也是开阳县的鱼米之乡。早在上世纪 70 年代，这里就是开阳农业科学试验区，凡引进的水稻、玉米等农作物品种，都要在这里试种。农技部门曾经在这里试制杂交水稻和杂交玉米种子，均获得了成功。

寨内小景

肥美的底窝坝子，养活了底窝八寨的村民，这里四季皆美，景色各有不同。

"竹外桃花三两枝，春江水暖鸭先知"，这是底窝坝春天的画面。因海拔较低，底窝坝春早人勤，当第一场春雨浇透大地，勤劳的马头村民开始在田间劳作，犁牛打钯、播种插秧，使恬静的乡村多了活力，有了另一种灵动的美。夏天，坝子变成了绿色，与清龙河水一致的色系，这郁郁葱葱的绿，是村民们精雕细琢的作品。秋天，是收获的季节，底窝坝满目金黄，村民们收割挞谷，坝子再次灵动起来，别样的景致，更增加了魅力。

走进寨子，随处可见农耕文明。锄头、镰刀、斧头、犁等农具家家必备，打米机、脱粒机等农业机械化进入家庭，大大减轻了劳动强度。村民们屋檐下垂挂着一串串黄色的玉米，在古寨的阳光下泛着金色的光芒。

三、相邻村寨

马头寨是清龙河畔底窝布依八寨之一，与之相邻的有桐木寨（头目寨）、安官寨、杨方寨、典寨、水头寨、坪寨和祖阳寨。这些寨子形成较早，历史悠久，民风淳朴，紧密相连。有人将寨名编成一首诗：

安官寨

　　头目安官是吉祥，
　　杨黄二寨镇大桥。
　　马头点寨来点兵，
　　水头平寨共煮羊。

安官寨

安官就是委任为官的意思，安官寨是水东宋氏后裔在底窝最早定居的寨子，如今是以水东宋氏后裔为主的布依族、汉族杂居村寨。根据宋氏旧谱，明末宋万化父子反明被平定后，宋万化幼子宋世杰改名宋高塘，隐居于底窝坪寨后山腰上，卒后葬于住所前。清初，宋世杰幼子宋文顺迁居底窝坝东侧，据宋氏家传，宋氏土司曾封为公侯，号称官当不完，便把官安给别人当，安官寨因此得名。其实，根据明朝土司制度，水东宋氏有权直接任免其亲辖的十二马头及马头以下头目，所以水东宋氏给别人安官也属有史有据。安官寨清代建有永兴寺，也叫安官寺。

头目寨

头目寨

头目是古代对小土司的称呼，明代水东宋氏土司亲辖十二马头时，底窝马头宋德茂为加强对辖地的管理而委任当地许姓等土著为头目，许氏居住于安官寨北隅，并长期世袭头目，寨子因此得名"头目寨"。关于底窝许氏，史籍有公元1636年（崇祯九年）总府许公施田三亩于元兴寺的记载。而马头寨村民保存的明清地契中，有公元1644年（崇祯十七年）和公元1648年（南明永历二年）的两张地契，都记述许总爷捐田产地租给元兴寺作香火钱，可见明末清初许氏势力还是大的。清代中后期，许氏退出历史舞台，江西程氏入黔后，定居开阳底窝并继任头目。如今，头目寨是以程姓为主体的布依村寨。

杨方寨

杨黄上寨

元明时期底窝有两个杨黄寨，一个叫杨黄上寨（今马头寨），一个叫杨黄下寨（今杨方寨）。两寨分别位于底窝清龙河东西两岸各一个山头的山腰上，就象压住大桥（万寿桥别名）的两头一样。所以，就有了"杨黄二寨镇大桥"之说。

杨黄上寨，始建于宋代，初名杨黄寨，相传因最初是杨黄二姓开寨而得名，也有传说杨黄原是少数民族名称或其首领封号。元初，公元1283年（至元二十年）设置底窝紫江等处总管府于寨内。公元1301年（大德五年）水东土司宋隆济抗元时，将寨内总管府攻毁。此后，当地土著首领雷氏将土司衙门迁到河东岸地势更加险要的地方，仍称杨黄寨。为区别两个杨黄寨，分别改称杨黄上寨和杨黄下寨。明代，宋德茂任底窝马头后，又在杨黄上寨总管府旧址重建马头衙门。明代中期以后，杨黄上寨便因此更名马头寨（但民间仍习称杨黄上寨，直到清代中后期），并一直沿用至今。同时，杨黄下寨则改称杨黄寨，清末民初，易名杨汪寨，解放后又更名杨方寨。杨方寨元末建有元兴寺；马头寨明代建有兴隆寺，又叫马头寺。如今，马头寨是以宋氏土司后裔和明末江西移民涂姓后裔为主体杂居村寨；杨方寨则是以蒲姓和于姓为主的布依族汉族杂居村寨。

典寨

典寨，实为点寨，就是点兵的寨子，相传现典寨小学后几户王姓民居处，就是明代宋氏土司马头点兵练兵遗迹。明初，宋德茂率军征蛮，受任为底窝马头后，便选中底窝坝北端的一块平地作为点兵练兵处，点寨因此得名。

公元 1431 年（宣德六年），明朝派官员张朝得到底窝查实土司田土，宋氏自恃祖先劳苦功高，在点寨召集土兵（土司私家军队）将张朝得打死，明朝下旨免除底窝宋氏马头之职。幸有贵州宣慰使宋斌上奏求情，底窝宋氏也捐银赎罪，才得保留其职，但底窝宋氏辖地从此一分为三。清代中后期，底窝宋氏等望族相继衰弱，江西程氏取而代之，出任守备（正五品武官）、总牌（管底窝三牌地）和头目等职。典寨寨前，清代建有惜字塔，毁于文革中。如今，典寨是以程姓和王姓为主体的布依族村寨。

典寨

水头寨

水头寨位于底窝坝南端，因为是底窝最早的水利工程坪寨大沟的取水点（民间习称水头上）而得名，大约开寨于明永乐年间。如今，水头寨是由罗姓子孙组成的布依村寨。

水头寨

坪寨

坪寨，因位于底窝坝东南的一个平坦台地上而得名，是水东宋氏子孙世居地之一。明末宋万化父子被革职问斩后，宋万化幼子宋世杰先隐居于坪寨后山腰上，地名岩上。清初，其子孙迁居山下，聚族而居，形成寨子。乾隆年间，宋氏后裔在寨后新建朝阳寺作为家庙，今朝阳寺内仍保存有宋万化及宋氏左昭右穆牌位。如今，坪寨是宋氏后裔组成的布依族汉族杂居村寨。

祖阳寨

祖阳寨，初名祖蒙，布依族先民称为竹蒙，因古时山上多为竹林覆盖，土语称覆盖为"蒙"，竹蒙因此得名，当地民间则称为宋大坟。清代水东宋氏后裔一支迁到竹蒙开寨后，将竹蒙改名煮羊坡，解放后煮羊又讹为祖阳。如今，祖阳寨是以宋氏后裔为主体的布依族汉族杂居村寨。

祖阳寨

此外，底窝坝马头寨和杨方寨之间有个新寨，又叫对门寨，因为系马头寨涂姓祖先涂大智于清道光年间迁居新建而得名，今寨内居民全是涂氏后裔。由于开寨较晚，故不属底窝八寨之列。

四、交通优势

马头寨面向底窝坝，背靠百花山。清龙河从寨脚流过，形成"十里画廊"。无论从哪个方向到马头寨，都会经过美丽的清龙河，看到各具特色的"布依十里画廊"。

曾经，贵阳至禾丰乡及开阳县城至禾丰乡只有一条公路，这条路为解放后最早修建的贵阳至开阳的交通要道，人们称之为老贵开路。马头寨所在的禾丰乡是开阳到贵阳

老贵开公路

的必经之处，一头连接省会贵阳，一头连接开阳县城。马头寨沿贵开公路往北到县城 28 公里，从西南方向经乌当到省城贵阳 42 公里。正在建设的贵遵复线高速公路，专门在禾丰乡开了出口，交通状况大幅度的改善，大大缩短了马头寨向外沿伸的距离。

　　如今，条条大道通禾丰，老贵开公路改造成油路，禾丰乡仍然起着连接两头的作用。当然，还有更好更美的路通往禾丰乡，无论你从省城贵阳来，还是从开阳县城来，最便捷的一条路就是沿贵开二级公路至南江下站，走南江大峡谷至禾丰集镇的旅游公路，进入开阳十里画廊景区，听着车载音乐，欣赏乡村美景，非常惬意。沿途的南江大峡谷、沙木冲、龙广乡场、凤凰寨、坪寨、香火岩等处，既是独立的景观，又是组成十里画廊景区的一幅幅优美的画面，每一处都值得你放慢脚步或停留观赏。千万不能乐不思蜀，前面还有画廊中的历史文化画卷马头寨呢。走完这一段，很快就到禾丰集镇，在集镇口万寿桥头右转进入龙滩坝，举目，马头寨就在眼前的半山上。

　　有村级公路从寨中经过，上山直达云山茶海，如果只到马头寨，建议将车停在龙滩坝，步行爬几十步梯道上寨子，很近。

上 / 云开公路南江匝道
下 / 经龙广桥进入十里画廊

水东土司官衙
——
马 头 寨

第二章
历史马头寨

M A T O U Z H A I

一、寨名由来

马头，是古时的行政区划称谓。明初是水东宋氏所亲辖的十二个中级土司的官名，后来才逐步演变为布依族聚居区管理单位和地名。

古代贵州，地无三里平，交通严重滞后，运输为人挑马驮，主要交通工具为马，现在农村老人中，还有"骑马上贵阳"的说法。在经济十分落后的状态下，马这种交通工具也是奢侈品，不是人人能够享有，多为官家享用。马成为贡品，上贡朝廷和官府，被分派到各寨中，每寨必须完成多少任务。后来，土司们以马作为行政区划，管理者叫马头，现开阳及周边地区还有一些叫"马头寨"的寨子。

马头寨一角

地处开阳县禾丰乡的马头土司古寨，现有史可查的建寨历史最早于南宋，是元、明两代底窝总管府遗址。马头寨之名，为明初设陈湖十二马头时得之，沿续至今，是中国现存最古老的土司官寨之一，是千年水东文化的重要历史物证。

明初，水东土司宋钦与水西土司霭翠同任贵州宣慰使，迁署衙至贵阳办公，宋氏亲领水东（陈湖）十二马头。改朝换代，将元代底窝紫江总管府改为底窝总管府兼底窝马头衙门。宋德茂奉水东宋氏之命代管开科、葛马、临近、清江、腊坝、底窝6个马头，成为管其它马头的马头。在宣慰使宋钦的授意下，大张旗鼓地扩建底窝总管府，目的是将底窝马头寨建成其后方大本营，可以作为非常时期退守的根据地。明正德和崇祯时，底窝总管府两度成为水东宋氏临时衙署。

因寨中设有马头，人们习惯性地称其"马头寨"，久而久之，马头寨这个名字便传承了下来。因为这个名字，才有了后人研究水东土司的切入点。

二、历史沿革

根据历史文献及开阳文管所长何先龙考证，马头寨早在元初至元二十年（1283）土司制度形成初期，就设置了底窝紫江等处（相当于下州），并建有底窝总管府，以仡佬族首领龙郎为总管。宋隆济抗元时，龙郎率仡佬族积极响应，龙郎是水东地区最早的土司之一。明初，水东宋氏旁支宋德茂任底窝马头总管，子孙世袭，一共传了6代，到明末宋矩时，明政府实行流官政策，崇祯三年（1630），改土归流建开州。宋氏政权，在马头寨经历了348年的历史苍桑，走到了历史的尽头。

　　土司古寨马头寨，唐、宋时属蛮州地，是元、明两朝土司治所遗址，始建于宋代，元代为底窝紫江等处治所，明代为底窝马头治所，称马头寨，后马头寨为寨名至今。底窝坝是清龙河穿流而过，因地势低凹平坦，长久的泥沙堆积而形成的大坝子，自古就是开阳的粮仓，四周散布的底窝八寨，多是布依寨，属布依族聚居区。古时紫江，就是现在清龙河支流光斗河，因蛮州大量开采朱砂，光斗河流经同知衙时，汇入红色洗砂水而成为紫色，谓之紫江，故元代在紫江流域设有底窝紫江、纳坝紫江、光州等处治所。

　　元大德五年，雍真葛蛮土官宋隆济和水西土官奢节，因不满元官刘深对西南少数民族施行的残暴统治，联合起兵反元。他率领 4000 多紫江苗攻陷杨黄寨（明初更名马头

上 / 上世纪八十年代马头古寨
下 / 现在的马头寨

寨），元官也里千携印逃走，现印存于黔西文管所。大德
八年，宋隆济族侄宋阿重与族叔宋光擒隆济以献，乱遂平。
阿重因升时授顺元路等处军民宣慰使同知，取宋隆济的同
知衔以代之。不久更名靖江路，迁底窝坝，设衔大朝门，
更紫江底窝总管府为靖江路总管府。阿重为总管，后迁贵
阳红边寨。明初设置贵州宣慰司，水东宣慰使宋钦辖地为
陈湖十二马头，代管十个长官司，设置的底窝马头是十二
马头之一。

　　明初，地处南江上游桃源河发源地的清水铺，属交通
要地，由宋氏后裔宋德茂驻兵镇守，他顺河而下，先后攻
占纳坝紫江和底窝紫江等处，占领了紫江流域底窝坝等富

宋氏先祖宋阿重墓

马头寨宋氏直系祖先宋德茂墓

水东宋氏末代土司宋万化墓

底窝总管府遗址

饶肥沃的大片田土。同时兴办实体，开采朱砂，炼制水银，成为当地首富，名望大增。洪武五年，宋钦任贵州宣慰使时，设置马头，委任宋德茂为底窝马头总管。宋钦之孙宋斌继位后，又委任其代管葛马、开科、临近、清江、腊坝及底窝6马头。宋德茂在元代底窝紫江总管府基础上，大兴土木，扩建底窝总管府，修建寨栅、房舍、大小通道、兴隆寺庙，寨子初具规模。

　　底窝总管府从现在地理结构及同一时期的其他衙门规制和布局分析，占地万余平方米，从南向北依势而建成四进院及后花园等。一进院由大门、差役房、仪门组成，二进院有正堂（大朝门）、照壁和两厢房，三进院有议事厅、照壁和两厢房，四进院有住房正房、会客厅和两厢房。同时，建有粮仓、私塾、戏楼、酒坊和后花园等，功能完整，设施齐全。底窝总管府建成后，一直是底窝宋氏的马头衙门，成化末和崇祯时，底窝马头衙署两度成为水东宋氏的临时私衙。崇祯四年（1631）以洪边十二马头地置开州，底窝马头宋矩随之革除，底窝总管府成为廉里治所，仍在总管府办公。

马头土司议事厅遗址

　　清末，开阳分为五区，底窝坝属南区，马头寨为底窝总甲驻地，总甲公署就在大朝门。

　　民国初年，底窝宋氏后裔，人称七大爷的宋荣宗外出避乱，回到底窝后，在大朝门重建了宋氏私宅，即现在的七大爷宅。同时，八大爷宋荣昌也回马头寨，新建了八大爷宅，并建有团防局，宋荣昌任第三区底窝保董并在马头寨大朝门办公。

　　1930 年，马头寨改为第三区禾丰乡驻地，乡政府设在大朝门。

　　1935 年后，再改联保制，马头寨为第一区禾、清、紫 3 乡镇联保驻地，联保公署仍设在大朝门。

　　1949 年 11 月，开阳解放后，马头寨属龙广区禾丰乡第三村，乡政府设在大朝门。

　　1957 年后，马头寨又先后作为马头大队和马头村驻地，大朝门成为马头大队（村）公所。

　　1966 年，马头大队与龙泉大队合并，改为东风大队。马头寨隶属于东风大队。

水东博物馆

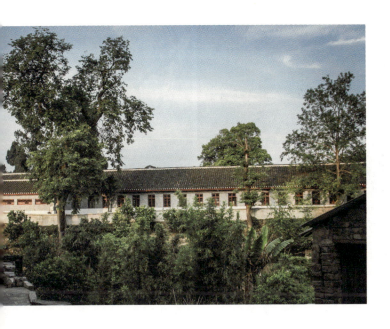

马头小学

1984 年，马头寨属清河区禾丰布依族苗族乡马头村。

1990 年，撤区并乡建镇，马头寨属于禾丰布依族苗族乡马头村。

在经历风起云涌的政治变革的同时，马头古寨饱受摧残，曾经两次遭受毁灭性的打击。一是明末时期，水东最后的土司宋万化父子起兵反明，波及马头寨，明军攻破底窝总管府，古寨几乎全部被烧毁。另一次是清咸同战乱时期，以何得胜为首的黄号军于同治三年（1883）年九月二十八日攻陷底窝坝，还没有完全恢复元气的马头寨又遭重创。

光绪初年，宋氏族人渐渐发达兴旺，族长宋永文主持筹资金，兴建宋氏宗祠于土司古寨案台的柏香树下，为砖混木架四合大院。1935 年 4 月初，红军长征路过并宿营马头寨，引来国民党飞机轰炸，并炸坏一角。1958 年，政府将宋氏宗祠拆掉，扩建成学校。

古寨墙

三、营建底窝总管府

大明初建，根基不稳，为了巩固边疆，安抚边民，朝廷将水西安氏和水东宋氏合并设立水西四十八目和水东陈湖十二马头，马头寨是十二马头之一。并设底窝总管府于寨内，总管宋德茂。

洪武五年（1372年），水东土司宋钦附明，授贵州宣慰司，命宋德茂对底窝总管府进行营造，高规格建设，为宣慰司将来退守备用。

马头寨地形三面为悬崖、陡坡、高坎、壕沟，后面是大山的台地。清龙河、深水河环三面而行，是马头寨外围的护城河。利用这得天独厚的条件，宋德茂依山顺势，先修寨门、寨墙、护栏，再建内宅。

寨门：分五道。正门（东）位于岩头山，北门位于四野坡，两道寨门都在寨前，均用条石砌成。南门位于半边缘，是通往坪寨的道口，西门位于大朝门后山，分左、右两道，左上贵人山，右上后炸凹，是古寨的后门。

寨内巷子及道路一角

　　寨墙：古寨东、南、北三面均是悬崖、陡坡、高坎、深沟，与清龙河、深水河左右环形的地形组成，间错分布，高低不一，长短不等。营建时，高坎筑墙，陡坡用尖木造木栏，加滚木礌石防范。深沟、悬崖，用横木造成木栏。平缓地段，则用条石砌成寨墙。后山，植树造林，栽竹子，与原生的灌木、杂草、刺蓬间错杂生，加木栏，并与左右的木栏、石墙、寨门紧密联合起来，形成一条以柔克刚，"退可守，出可攻"的绿色围墙。山顶是尖坡，是马头古寨的天然屏障。宋德茂在该地段，设哨卡、关卡、烽火台。听老人们传说，匪老二（土匪）不敢抢马头寨，否则，有进无出。可见，马头寨的牢固和威严。

　　道路：四通八达，纵横交错的大小通道，宽窄不一。最窄处，不少于五尺。平缓地段，大部分用河石平铺，少部分用河石砌成石纹路。交叉地方还作有古老钱图案。陡坡地，用条石砌成石梯。横沟时，搭石板桥。这些直铺到四方路口。道旁石坎，无论高低、长短、均用条石或鹅卵石砌成。满寨的石墙、石坎、石梯、石坝、石路。

四、红军长征过古寨

　　举世闻名的红军长征，是中国革命伟大历程中最壮丽的画卷和诗篇。1934 年 10 月至 1936 年 10 月，中国共产党领导的中国工农红军进行了二万五千里长征。经过浴血奋战，历尽艰辛，战胜了强大的敌人，创造了人类历史上的伟大奇迹。地处黔中的开阳，是红军长征这幅画卷的组成部分，红军长征 3 次经过开阳，在这里留下了不朽的一页。

红军长征第二次经过开阳时，是具有伟大历史意义的
遵义会议召开之后，红军在川黔边界"四渡赤水"与敌人
周旋。接着，回师黔北，南渡乌江，造成攻打贵阳城态势。
1935年4月3日，中央红军一、五军团由息烽进入开阳县
境，一部经双流白马洞、两流泉到石牛，由城关镇窑上坪，
出何家庄，抵南江枇杷哨，赴禾丰乡底窝坝。4月5日，
红三军团也由修文扎佐经腊蚱进入开阳，到禾丰底窝坝宿
营。与此同时，红军主力及中央军委纵队迅速由扎佐经乌
当马场，到达开阳羊场坝子地区。部分红军在清水江一带
造成东进之势，红军主力则突然向南挺进，渡过顺岩河、
脚渡河，进入龙里县境。

据《马头村志》记载："听老人们讲，是日，底窝坝
一片宁静，人们照常生活、耕作。突然有人大喊'共匪来了，
大家快跑'。一传十、十传百....整个底窝坝顿时像炸了
锅似的，人们在慌乱中跑进后山躲藏起来。"

红军标语

　　"马头寨后山，山高林茂。岩险洞多，地高视远。人们看见一支队伍从红岩关下来，像蚂蚁似的。到底窝坝，分成几股分别驻进八个寨子，大部分驻进马头寨。"

　　"人们在后山突出位置，观看寨内情况，寨中住满了军队。人进人出。前面的队伍走了，后面的又住进来，3天以后，这支队伍才走完。"

　　红军这次经过开阳，是高调经过，目的是造成佯攻贵阳的态势，调出滇军。他们在住地宣传革命思想，打土豪，除暴安良，开仓济贫，对群众秋毫无犯。红军走后，马头寨的人们回到家，发现除宋氏祠堂和一户人家被敌飞机炸坏外，寨子并没有被"共匪"劫过的痕迹。

　　宋升素的祖母经常给儿孙们说，红军来时，全家躲出去了，红军住在她家，用了她家一柜子米，一坛猪油，还有柴禾。红军离开时，从财主家挑了4挑谷子作补偿，并留了银元和纸条在香炉钵内。

　　红军过后，寨子里多了许多宣传抗日的标语，这些标语分散在寨子中。马头寨大朝门处朱灿家朝门壁上有一条：

　　"白军兄弟与红军联合，一同打日本去！"

　　宋升素家老房堂屋里最多，四面板壁上都写满了黑颜色的标语，内容为：

　　"红军是工农的军队"

　　"工农暴动起来，打土豪分田地！

　　"打倒不准士兵抗日的国民党军阀！"

　　"白军不打真正抗日友军的红军！"

　　"欢迎白军弟兄拖抢来当红军！"

　　"红军是干人的大救星！"

　　"白军弟兄们，拖枪来当红军，北上抗日去！"

　　"苏维埃是民众抗日的组织者，维护苏维埃！"。

　　宋光宝家外墙上有一条，有 3 个字被墨涂抹过，无法辨认。

　　"打倒卖国贼××× ！红军宣。"

水东土司官衙
——
马 头 寨

第三章
水东宋氏

M A T O U Z H A I

一、土司制度

　　土司，官职。土司制度，是元、明、清王朝在部分少数民族地区，分封各族首领世袭官，以统治当地人民的一种制度，是西南少数民族地区在特定时期的产物。元代以前，各封建王朝就已采取"以土官治土民"的办法统治本族人民。元、明时期，土司有了更大的发展空间，世袭制度下的土司家族不断发展壮大，除对中央政权负担所规定的贡赋和征发任务外，在辖区内保存了传统的统治机构和权力。

鸭池河

土司神龛

在贵州，有安、宋、杨、田4大土司。安氏、宋氏分别为水西、水东土司，安氏管理水西地区，宋氏管理水东地区，以贵州鸭池河为界，鸭池河以东为水东，鸭池河以西为水西。明初，朝廷为了抑制土司政权，设置贵州宣慰司，让水东、水西两大土司迁署贵阳，共同掌管贵州宣慰司印，统治贵阳地区及毕节部分地区。杨氏为播州宣慰司，统治现在的遵义地区。田氏为思州宣慰司、思南宣慰司。明永乐十一年（1413年），田氏土司内乱，朝廷乘机平定思州、思南两宣慰司，设贵州布政使司，这是贵州建省的开始。明末，水东土司宋万化反叛朝廷，被镇压后，改土归流，以水东亲辖的十二马头地域置开州。

土司制度的特点是"以土官治土民"，即以当地土著民族的首领为官，通过他们管理本地区、本民族的事务。朝廷根据地区的大小、地位和作用，分别设宣慰司、宣抚司、安抚司、长官司，统称为土司。贵州是西南重要的土司地区，朝廷设有大小土司300多处。水东地区除了宋氏以外，还有宋氏代管的十个长官司，如开阳乖西长官司，就是由杨、刘二土司治理。

二、水东宋氏

马头古寨所在之开阳县，是水东文化的发源地。唐贞观四年，朝廷在此置蛮州，治所设在今双流镇白马村，带来了当地的繁华，后来在此开采朱砂的盛况，不能说与此无关。时蛮州北至乌江，东逾清水河，领一县巴江，即开阳南部及龙里地区。有关宋氏最早的记录就在蛮州时期，唐德宗建中三年（公元782年）正月，蛮州刺史宋鼎入朝进贡朱砂500两。

1895 年法国里昂商会绘制的
开阳白马汞矿图

一百多年后的唐明宗天成二年（公元 927 年），清州
刺史宋朝化入朝，"冠带如中国，贡草豆蔻二万个、朱砂
五百两、蜡二百斤。"清州即今平坝县马场镇，宋朝化与
巴江县令宋万传是继宋鼎后又有记录的宋氏。五代之际，
历史出现了断档，这一支最早出现在开阳历史上的宋氏便
没了踪迹，因与后来的水东宋氏还没有找到关联的依据，
只能作为曾经的存在被称为蛮州故宋。考古学者们在研究
水东文化时，只好将这段历史尘封，重新揭开水东宋氏全
新的一页。

记录水东宋氏的部分文献资料

据宋氏族谱记载，周世宗显德四年（957）年，真定人宋景阳率师征黑羊箐（今贵阳），底定广右，进兵黔南，遂下蛮州。宋太祖开宝八年（975年），宋景阳授宁远军节度使，大万谷落总管府都总管。大万谷落即蛮州，不知为何，这么大的行政单位却改为当地土语记录。从此，宋氏实力逐渐增强，驱乌蛮，夺矩州，形成了雄长一方的世袭土司，史称水东宋氏。

宋景阳任蛮州总管府都总管后，七子一女的后裔先后崛起在黔中大地上，成为政治舞台上的风云人物，皆受土职分守其地，活跃在贵州历史舞台上。宋景阳的七子一女为存孝、存弟、存忠、存信、存礼、存义、存廉、存耻，其后裔分掌喇平安抚司、草塘安抚司、蜜纳安抚司、新添安抚司、麻哈安抚司、乐平安抚司、平伐安抚司、把平印，这就是宋氏有名的七司八印，为水东宋氏在贵州奠定了坚实的基础。

水东宋氏部分后裔

水东宋氏部分后裔

　　时光飞逝，历史翻开了新的一页，宋景阳的第十四孙宋永高改授贵州经略安抚使，蛮州宋氏的大本营迁到矩州（贵阳），贵州作为行政区划固定下来，矩州从此改为贵州，一直沿用至今。嘉定十二年（1219年），宋永高卒，长子都福袭，也没有了以前的强势，只得退居蛮州。

　　一百多年后，宋氏土司宋隆济造反，规模宏大，震撼元廷，后被其侄宋阿重平定。宋阿重再创辉煌，水东宋氏进入鼎盛时期。明初，宋钦迁衙署于贵阳，兴文教，倡导儒家文化。宋钦之孙宋斌任宣慰时，将衙署迁于乌当新添寨。明末，宋万化袭贵州宣慰司，后与水西安氏联合反明，围困贵阳城，异常惨烈，待解围时，全城人口死的死，逃的逃，锐减至200多人。后宋万化在开阳羊场大水塘被明军擒杀，他的儿子自行继任土官，退到底窝杨黄寨继续抵抗明军。激战数月后，于明崇祯二年（1629）八月被明军所擒。崇祯三年，明廷以水东所辖十二马头地设置开州，崇祯皇帝亲赐"开州"名。从此，宋氏统治水东的历史宣告结束。

　　开阳马头寨和坪寨宋姓都是水东宋氏在黔始祖宋景阳的后裔。

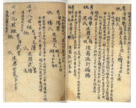

宋氏族谱

三、宋氏土司世系

　　水东宋氏在开阳始祖为宋景阳，其七子一女分封贵州各地安抚司，掌管各地政权。现在聚居在禾丰乡马头村坪寨和马头寨的宋氏分别为两个支系。级别最高的土司嫡系共传 25 代，其中，宋、元时期 15 代，明朝 10 代。

第一代：宋景阳

第二代：宋存孝

第三代：宋裕

第四代：宋其相

第五代：宋祥宣

第六代：宋锡华

第七代：宋万明

第八代：宋基兴

第九代：宋永高

第十代：宋胜

建在高台地上的土司总管府

第十一代：宋聚

第十二代：宋提

第十三代：宋朝美、宋隆济一袭

第十四代：宋阿重

第十五代：宋居混

第十六代：宋钦（明代）

第十七代：宋诚

第十八代：宋斌

第十九代：宋昂、宋昱

第二十代：宋然

第二十一代：宋仁

第二十二代：宋储

第二十三代：宋天爵、宋德隆、宋一清、宋德懋、
　　　　　　　宋德贤

第二十四代：宋承恩、宋真相、宋师相、宋万化

第二十五代：宋嗣殷。

宋万化雕像

　　这一支为宋万化系，明末，宋万化因参与水西安邦彦、奢崇明起兵反明被擒杀，长子宋嗣英自封宣慰使，继续抵抗，坚持 9 年后亦被镇压。宋嗣英之弟宋世杰隐藏身份，潜居在开阳禾丰乡坪寨后岩山，后发展成今天坪寨宋氏家族。据 2011 年末统计，宋万化系在坪寨有 78 户 358 人。除坪寨外，周边的安官寨、大坪子、祖阳坡、茅草寨、老凹冲、塘上营、营盘寨及乌当谷旺寨，总人口超 2000 人。

　　马头寨居住的宋氏主要是宋德茂系，2011 年末，全族住户 146 户 601 人，加上散居马头村境外及很早分迁修文腊鲊坝、清水寨，遵义八壩堰、惠水、乌当杨梅等处，人数超过 2000 人。

据马头寨宋氏家谱记载：这支宋氏是北宋宁远军节度使宋景阳第三个儿子密纳司宋存忠的后裔。明朝初年，驻守底窝坝，出任底窝总管府总管世袭。宣德二年，宋德茂身故，由长子世家承袭，再传福泰、高鑫、显坤、钜，共历6世。

四、历史人物

⊙ 宋隆济抗元

水东宋氏出了一个英雄人物宋隆济，领导西南最大规模抗元运动，将贵州政坛搅得天翻地覆。

元朝，是蒙古族靠能征善战而建立的封建王朝，蒙古族在征服中原和全中国的过程中，一直受到中原和南方各族人民的强有力抵抗。在元代西南各族人民的抗元斗争中，规模最大、时间最长、影响最广，从而震动元廷的要首推水东宋氏宋隆济领导的抗元运动。

宋隆济，水东宋氏土司，元初封顺元路雍真葛蛮等处（今贵阳市开阳县西）土官。1301年，即元成宗大德五年，元朝为远征云南"八百媳妇"而命雍真葛蛮等部出丁夫马匹，加重了沉重赋税下各族人民的负担。同年6月17日，宋隆济以"反派夫"为口号起兵抗元。抗元队伍先攻下杨黄寨（今开阳县城），烧毁雍真总管府官署，雍真总管府达鲁花赤（蒙古族掌印官）也里千携官印逃避于底窝杨黄寨（今开阳县禾丰乡杨方寨），宋隆济又派义军攻破底窝杨黄寨，夺得"雍真等处蛮夷管民官印"。接着，紫江（今开阳东南）苗民、底窝仡佬族总管龙郎和龙骨（今龙里境）长官阿都麻等纷纷起兵响应。义军先后攻入新添（今贵定）、播州

〔1〕八百媳妇：古代地名，在云南车里（今西双版纳）以南，传说部长世世有妻八百人，各领一寨，故称"八百媳妇国"。

（今遵义）境。6月27日，宋隆济率义军首次攻下顺元路治所，杀死知州张怀德。7月10日，元朝梁王阔下令湖广、云南、四川三省出兵会剿义军，但抗元烈火已难以扑灭。同年8月，水西女土官奢节因元廷令水西出金三千两、马三千匹而被迫起兵响应宋隆济，抗元力量进一步壮大。到1302年正月，因宋隆济数次围攻贵州，顺元道路受阻，率军远征"八百媳妇"的湖广行省左丞刘深因粮尽而被迫退兵。不久，乌蒙（今云南昭通）、芒部（今云南镇雄）、东川、武定、威楚（今云南楚雄）、曲靖、仁德（今云南寻甸）、临安（今云南建水）、乌撒（今威宁）、普安（今盘县）等地各族人民相继起来响应，抗元斗争在西南各地风起云涌，元朝大为震动。同年2月，梁王亲自出征驻云南陆良州，并下令停征"八百媳妇"以麻痹抗元队伍。3月8日，元廷命也速得儿任陕西平章政事（相当于省长），与湖广平章政事刘国杰等共谋镇压义军，并很快抽调官军三万，士兵一万，对各地义军采取分割围攻、各个击破策略，先将乌蒙、乌撒、普安义军镇压下去了。4月，刘国杰出兵播州，先被义军所败，继生奸计，令军士各持钉上铁钉的盾牌，临阵佯装弃盾而逃，义军不知是计，乘马追击，战马多踩盾钉而倒，遭受重大损失。11月，刘国杰又命其裨将宋光和播州杨汉英率官军士兵以伪装败逃奸计俘获奢节并将其杀害，宋隆济则退守蔺州水东地区（今四川叙永一带）。

1304年正月，宋隆济被其侄宋阿重生擒献给元朝，宋隆济领导的抗元斗争最后失败。宋阿重因功升任顺元宣抚同知，在蛮州创建了同知衙门，后又升任八番顺元宣慰使，宋氏从此任宣慰使到明末。开阳双流同知衙地名一直沿用至今。

宋隆济领导的抗元斗争，影响波及西南云、贵、川、

明德夫人刘淑贞（右）与
顺德夫人奢香

广西各地，是元代西南地区规模最大的抗元运动。它迫使
元朝停止了对"八百媳妇"的征讨，免去了抗元运动主要
地区顺元、思州、播州等地一年的税粮；沉重打击了元朝
在西南地区的统治，使元朝在西南的统治数年处于瘫痪状
态。同时，在抗元运动中，苗、彝、仡佬等各族人民相互团结、
并肩战斗，有力地促进了西南各族人民之间的融合与进步。

⊙ 女杰刘淑贞

　　历史的车轮滚滚向前，谁也阻挡不了，明朝大军压境
时，宋阿重之孙水东土司宋钦和水西土司霭翠举众归附，
明王朝仍然沿用元朝以夷治夷的办法，为了水西、水东相
互牵制，同时授与宋氏和安氏贵州宣慰使头衔，同迁贵州
城宣慰司署（今喷水池附近）。水西安氏居泽溪（今宅吉
路），水东宋氏居城中，宋氏亲辖陈湖十二马头，并代管
贵竹等十长官司。这一时期，水东地区风平浪静，宋钦宣
慰使之位传给儿子宋诚时，由夫人刘淑贞辅佐。这是一位

深明大义、有远见卓识的奇女子，她倡导儒学，重视教育，以后宋氏几任土司均在文学上有造诣，能诗善文，留下很多传世作品。刘淑贞后代宋氏土司中，文采较好的有宋昂、宋昱、宋炫，均有诗作传世。

关于刘淑贞，因为记载资料少，民间传说混杂，对于这样一个重要人物，开阳文管所所长何先龙依据权威史籍还原历史真相。他经过十多年潜心研究，以明初纂修的《明太祖实录》为主要依据，结合明代《贵州通志》及水东宋氏旧谱等，对刘淑贞的身平及历史贡献作了反复考察和佐证。

刘淑贞，又名赎珠，祖籍陕西西安，曾祖刘整，宋末降元后迁居河南郑州。祖父刘垓，大德至大初年间任八番顺元使时，与属官宋阿重交往甚密。刘淑贞之父刘威任过常熟州和无锡州知州，以忠廉刚直闻名。刘淑贞深明大义，帮助水西夫人奢香出谋划策，奔走相救，是一位有勇有谋的女子。

作者在古寨采访

刘淑贞在历史上是以宋钦妻子和宋诚母亲的身份活动，元末与宋钦结婚后住水东同知衙，即今开阳县双流镇白马村同知衙，1372年奉朱元璋之命与宋钦一道迁居贵阳。她与宋钦年龄相差不大，大约生于元大德初年（1305左右），重要活动时间在洪武九年至二十五年（1376-1392）。其中，1382年5月、1373年10月和1392年3月，刘淑贞先后三次以"贵州宣慰使宋诚母"的身份到南京朝贡，三次均获得朱元璋丰厚赏赐，其中1382年最为特别，先赏纱罗袭衣、30石米和300锭钞，随即再赐衣3袭，并迅速"遣归"——派刘淑贞速回贵州。

宋钦之祖宋阿重元代就任八番顺元宣慰使同知兼顺元宣抚使，1324年（泰定元年）死后，由于儿子宋居混年老体衰而以孙子宋钦袭宣慰使职。1372年，宋钦随流官宣慰使郑彦文等归附，与水西霭翠同授贵州宣慰使，两家同级别，安氏掌印。1376年，宋钦因病退位由儿子宋诚袭职，刘淑贞从此开始辅佐儿子宋诚摄宣慰使职，到1384年还政于宋诚，前后摄政18年。

从1372年起，水西霭翠和水东宋钦就奉命把土司衙门分别从水西和水东同知衙，迁到贵州宣慰司署（今贵阳市喷水池附近）合署办公。在贵阳期间，发生了"马烨挞奢香"事件。

1383年8月（洪武十六年七月）中旬，贵州卫指挥马烨见贵州宣慰司水西水东都是妇女摄政，以为有机可乘，便借故找茬派兵把奢香从贵州宣慰司署（今贵阳喷水池附近）或泽溪（今贵阳宅吉坝）安氏私宅抓到贵州卫署（今贵阳都司路）当众裸挞，欲激怒水西四十八目反叛，找借口把水西改土归流以邀功请赏。水西群情激奋，中计欲反。刘淑贞向奢香揭露了马烨的真实目的，

奢香夫人

并劝奢香不要贸然造反，等她先上南京向天子告状，天子不听的话，反也不晚。刘淑贞智勇双全，通汉语，自告奋勇亲赴南京告御状。10月21日，得到朱元璋召见，在听取了刘淑贞反映马烨逼反水西的情况后十分重视，马皇后赐宴于谨身殿。朱元璋两次赏赐刘淑贞后，遣其速回贵州招奢香入朝。刘淑贞又给奢香提出为明朝开山修驿道以说服朱元璋的建议，才有1384年2月28日（洪武十七年二月乙亥）奢香率所部四十八目入朝。当时，马皇后已死去，已不可能召见奢香。奢香觐见朱元璋状告马烨时，朱元璋由于先听取了刘淑贞反映的情况，经过奢香再次陈述，很快采信了奢刘的说法，但他还要考验考验奢香的忠诚度，于是说："如果我把马烨召回问罪，你拿什么报答我。"奢香先按自己的想法说："如蒙圣恩，当令子孙世代尽忠尽职，不再生事。"朱元璋说："此为你分内之事，何言报答？"奢香立即按刘淑贞的建议说："贵州东北（水东即今开阳县）有小道可通四川，但已梗塞不通很久了，我们愿意开山修驿道以疏通经贸往来。"朱元璋听取了奢刘的意见，召回马烨问罪。

从1383年贵州宣慰司频繁入朝，和朱元璋对刘淑贞的特殊赏赐及遣其速归。可以印证，马烨挞奢香事件就发生在明初奢刘共同摄政的1383年9月，地点在明初贵州卫兼贵州都指挥使司署（今贵阳市都司路市青少年官附近），而不是发生在水西。1383年正月，贵州宣慰使霭翠（霭翠生病退休，奢香以霭翠名义）遣使入朝贡马；而同年10月14日霭翠、宋诚各贡马和10月21日刘淑贞入朝先后仅隔7天。在交通很不发达的明初，贵阳距离南京4250里，官马走驿道也要70天左右，往返一趟非常不易。如果不是发生了马烨挞奢香事件这样的重大

记录刘淑贞事迹的文学作品

历史事件，水东宋氏仅隔 7 天就两次入朝是不可思议的。因此，刘淑贞靠大智大勇，与奢香通力合作，不费一兵一卒，通过合理合法的有效途径上南京告御状，就平息了一场民族大仇杀，为明初贵州建省创造了安定团结的政治局面。朱元璋很欣赏二人的勇敢及智慧，诰封奢香为顺德夫人，刘淑贞为明德夫人，均为二品，已超过从三品宣慰使之品级。

朱元璋

　　马烨挞奢香事件平息后，奢香开通了贵阳到水西（今毕节市）的第一条驿道，立龙场（今修文）、陆广（今修文县六广镇）、马水西、奢香（均在今黔西境）、金鸡、阁雅、归化（均在今大方境）、威清（今清镇市）和谷里（今黔西谷里镇）九驿。毕节驿开于九驿之前，故不在九驿之列。水西驿道通过毕节驿，东北可达四川，西南可通云南，战略和交通地位十分重要。刘淑贞则扩建了贵阳过水东（今开阳）达草塘（今属瓮安），东北至容山（今湄潭）入川，东南达偏桥（今施秉）连湘黔驿道的交通大动脉。贵州省以贵阳为中心的交通骨干网从此逐步形成，为贵州建省，特别是贵阳成为省会奠定了牢固基础，这是奢香和刘淑贞在贵州历史上做出的最伟大贡献。

　　此外，刘淑贞夫妇的重要历史功绩还有：1372 年，支持马烨把元代顺元城扩建为贵州卫城，把顺元路儒学改为贵州卫学，并很快培养出举人吴矩等优秀人才，次年朱元璋钦点吴矩和贵州卫知事卢升任明朝首批皇家居注官，成为明朝治理西南和贵州建省的重要参谋。1389 年，刘淑贞及其子宋诚支持明朝派来的江西硕儒芒文缜，大规模重建贵州宣慰司学。到 1392 年，扩建完工后面貌焕然一新，明朝因此正式批准建立贵州宣慰司学，并以芒文缜出任首任教授，成为贵州儒家文化广泛传播和迅速发展的牢固基石。1389年，支持顾成和马烨把贵州卫城扩建成贵州都司城，为贵阳成为省会和西南都市打下了坚实基础；派孙子宋斌到南京太学学习儒家文化，为水东文化的鼎盛举行了奠基礼，为儒学扎根贵州开辟了广阔前景。

宋钦从元泰定元年至明洪武九年（1324-1376）任宣慰使52年，是水东宋氏中任职最长的土司。刘淑贞元末与宋钦结婚并居住在开阳同知衙，明初奉命迁贵阳，从此，开阳同知衙渐渐退出水东政治中心。以后，土司衙门辗转迁移，再没回到同知衙，年深日久，那里往日的繁华彻底退尽，只有"同知衙"这一地名传承了下来。

⊙ 水东诗人

由于刘淑贞重视教育，对宋氏后人产生了很大的影响。宋斌任贵州宣慰使职期间，更加重视文化教育，不仅爱与文士交往，还在水东乖西（今开阳县双流镇）设立私塾，重金礼聘从戍都匀的顺昌（今福建顺昌）儒士廖驹教授其子学习儒学。廖驹是当时著名的诗人，儿子宋昂、宋昱兄弟二人得其指教，潜心向学，渐渐以著诗名于贵州，合著有《联芳类稿》诗集并刊行于南京，被当时诗家誉为"欲与中原大家相角逐"。可见宋氏兄弟明代初期已享誉全国诗坛，是贵州历史上最早在全国诗坛产生影响的诗人。

1443年，他任宣慰使后做的第一件大事就是全力资助贵州提刑按察副使李睿和贵州宣慰司儒学训导王训扩建贵州宣慰司学。仅用一年多时间就将司学修葺一新，并重建和新建棂星门、尊经阁、雁塔等建筑，使贵州宣慰司学

宋昂（？～1484），字从颙，号省斋，1443至1484年，袭贵州宣慰使职，继承其父崇文尚武之风，文能赋诗作文，武能带兵征战。在任土司职期间，做了不少有利于贵州文教事业发展的事。

成为贵州最好的官学，与当时全国中等州郡的官学等量齐观，对贵州文教事业的发展产生了深远的影响。天顺年间（1457～1464年）他在其衙署洪边寨（今乌当区新添寨镇）建崇圣观。1464年，他再次损资增修贵州宣慰司学。1467年，又倡建济番桥（今花溪大桥东侧）。

宋昂任土司职40余年间，能文善武，尚学工诗，不仅与弟宋昱合著诗集刊行于南京，而且广搜儒家经史典籍藏于家，严督诸子弟和部属向学，时人称之"循良如文翁"。诗作：

送赵逊敏东归

琴鹤先生乐自然，故乡归去白云边。

门前柳忆陶元亮，洞口人迎葛稚川。

行色苍茫林影外，离情萧索酒杯前。

欲知别后相思想，疏柳寒梅锁暮烟。

秋江送别杨知事

江水澄清树叶丹，临歧人送柏台官。

十年帷幄参机务，一旦云霄振羽翰。

风静洞庭浪高远，月明扬子暮潮寒。

京华到日春光好，花柳无边马上看。

题柳塘渔隐图

身无拘束讶登仙，水转山回别有天。

采药难寻蓬岛路，垂纶却忆鉴湖船。

纷纷笠湿花间雨，叶叶蓑披柳外烟。

到此红尘却隔断，一声欸乃一悠然。

贵阳出师

金印垂鞍事远征，霜威凛冽路澄清。

冠公门下多英俊，范老胸中富甲兵。

旌节漫随霞彩动，戈矛争向日光明。

春风二月城南下，伫听诗歌獠獞平。

宋昱，字如晦，号宜庵，聪颖好学，长于诗文。其诗风格清丽，号称有晋魏风致，除与兄合著有诗集外，还潜心研究并为《郁离子》作注，可惜未脱稿而卒。诗作：

过底窝呈友人

猎猎柠波破紫烟，郊关一望满旌旗。

英雄已有周公瑾，倜傥宁无鲁仲连。

羌管落梅凄夜月，雕弓射雁堕秋田。

清歌妙舞家家醉，闲向新知说往年。

忆蜀中旧游

记得曾游蜀路时，西川人物尽相知。

联镳共访杨雄宅，携酒同登杜甫祠。

夜月楼台飞逸兴，春风花柳入新诗。

于今回首真成暮，独立苍苔有所思。

宋炫，宋昂之子，字廷采，也以诗文见长，诗作继承宋昂诗风，著有《桂拙轩稿》，也是明初贵州诗坛上有影响的诗人。宋昂兄弟二人卒后，宋炫为使二人诗作不被埋没，特拜托同乡举人周鸾将《联芳类稿》诗集带到南京。当时的南京吏部侍郎、文学家罗玘读过诗集后，欣然给予点评，亲自作序并推荐在南京刊行，使该诗集成为贵州最早在全国诗坛产生一定影响的诗集。

渔矶

（一）

水光潋滟接明霞，荡漾扁舟泛水涯。

峡口云封间白昼，几行归雁夕阳斜。

（二）

烟波常作画图看，尽日矶头俯仰宽。

罢钓归来天欲暮，笑呼稚子接鱼竿。

罗玘在《联芳类稿序》中对宋氏兄弟诗作给予较高评价："以余（我）所闻，贵州宣慰使宋从颡，则于文章诗赋，振臂敢为之，间能流传四方，其意欲与中原大家相角逐。宁止（岂止）通古今取科第者之足言（值得称道）乎？其弟如晦，隐君也，秀而能文"。清代诗家和方志也给宋氏兄弟很高评价，清初大诗人朱彝尊在《青静志居诗话》中评价二人诗作说："埙箎（古乐）迭奏，风韵翩翩，试掩（盖）姓名颂之，以雅以南，莫辨其出于任昧侏离（边鄙文士）也"。有方志更称赞宋昂大有功于黔之文化，起礼义而兴文教，文化斐然，遂变国俗。认为其对贵州文化发展之功当在王阳明之上，虽属过誉之词，但也足见宋昂对贵州文化的贡献颇大。

古寨一景

水东土司官衙
——
马头寨

第四章
古寨建筑

M A T O U Z H A I

一、古寨布局

　　地处开阳县禾丰乡的马头寨是元、明两代底窝总管府遗址，是中国现存最古老的土司官寨之一，积淀了一个民族近千年的历史文化。

　　远观马头寨，如一只雄狮镇守在半山腰，那一份霸气，是其它寨子没有的。这是开阳第一大自然村寨的雄姿，是曾经土司官寨压倒一切的气势。

马头寨建筑一角

从百花山看马头寨全貌

　　在古代，易守难攻是其经营的理念，寨中建筑包括衙门、寺庙、民居、寨墙等，完全围绕土司官寨的安全和土司利益需要按等级而建。土司官衙地位最高，位于寨中较高处、最险要的大朝门处。宋氏家庙兴隆寺地位次之，位于衙门之下；普通民居地位再次，位于兴隆寺侧及其下，并在进寨的 3 个路口处建有高大的石质寨墙，完全符合古代土司官寨的规制和安全需要。

　　整个古寨从南向北横向约 1 公里，从东到西纵向约 0.7 公里，呈长方形布局。寨子中有一小溪，是贵人山与萧家山分水形成的沟壑，从西向东将寨子分为南、北两部分。南部地势较平缓，至上而下分为大寨、寨脚。寨脚为全寨最低处，海拔约 920 米，和龙滩坝连为一体。大寨东沿是曾经的马头小学，现为水东土司博物馆。北部地势较陡峻，呈二级台阶，台顶叫大朝门，距台垂直距离约 40 米，台下名叫大田。寨内民居摆布整齐，成阶梯依山就势而立，

多坐西南向东北，错落有致，由纵横交错的大小通道连接
起来。大小通道均宽五尺，具有一定规律性，大部分用平
石铺成，少数用河石轮砌而成，坡陡处砌成石梯，一直延
伸铺到各个寨口。古寨前半部分边沿，为悬崖和陡坡，后
半部分边沿处于大山脚。它背靠百花山，面对底窝坝，前
有清龙河和深水河作为天然护寨河，易守难攻。

宋升银

　　如今，马头寨为国家级重点文物保护单位。古寨内有
6 个村民组，现有住户 227 户，人口 1000 多人。寨内居民
多姓宋，宋氏有 120 户，约占 60%，是水东宋氏后裔，其
次是涂氏，约占 15%；其他姓氏约占 25%。大朝门为一组，
大田为二组，大寨为三组、四组、五组，寨脚是六组。6
个村民组位置是新中国成立后划定的，当时，为方便生产
队劳动和社会公益管理，各组位置的概定或以寨子中大路、
要路，或以长坎、高坎，或以山沟，或以陡坡为界。随着
生活水平的提高，如今，马头寨各组村民新建房屋相互渗
透，也没有了地域界限，只能靠户籍来区分了。

　　关于古寨，62 岁的宋升银告诉我们："我们马头寨
是一个很大的寨子，有 6 个组，1 千多人，姓宋的最多，
我们是宋氏土司的后人，都是汉族。寨子人多，但重感情，
也很勤劳，特别好处。以前寨子全是木房，只有七大爷和
八大爷家有砖砌的围墙，有钱人家才买得起砖。我们小时
候走的路是一块一块的石块拼成的人字路，规整又好看。"

二、民居特点

　　马头寨有自己的个性，它是厚重的，这里积淀了一个
民族近千年的历史与文化的镜象。古民居建筑，主体采用
汉族传统的穿斗（抬梁）式木结构或砖木结构，悬山青瓦

顶，明间（堂屋）多配雕花腰门、围墙或左厢房，多建朝门，门窗和走廊多配精致木雕。主体为汉式建筑的同时，在朝门和细部装饰方面则吸收了许多布依文化成分，充分体现出布依文化与汉文化水乳交融的特点。

在这里，遍地是雕琢精细的青石、坚固的河石，透着美丽装饰的木刻、古雅的木具。石与木，构筑了马头古寨丰厚的文化底蕴，诉说着千年的历史，见证一个寨子经历战争洗礼和岁月无情吞噬的辉煌与无奈。

马头寨留存的建筑多是明清时的穿斗式木质结构，朝门、大门、窗户、栏杆及家具，拥有内容内涵丰富的木装饰。大门外的腰门装饰有万字纹或寿字纹。无论哪种雕花，都工艺精湛、内容丰富、金漆交错、庄严辉煌，表现出古寨人对美好生活的追求。留存的石基、发黄的木建筑，体现了马头先民的勤劳和智慧，见证了古寨的兴衰，见证了水东宋氏所经历的繁荣与动荡，是一部立体而又生动的史书。

现存的石物，如石梯、石基、石井、石墙等，仍然发

寨内老房子

马头寨内的门、窗

马头寨老物件

寨内石刻

挥着他的功能，默默地陪伴着寨民。而那残存的几块千斤石，就是当年建总管府的门柱和横梁，雕刻于巨石中的"长发永安"还可辩认，仍威严地闪烁着光芒。那拴马的拴马石，被磨得精光亮堂，让那些金戈铁马岁月在眼前呈现。阴刻的石对联"青史载武功先平广右次定蛮方宁远政绩昭著，吕朝宣文世相称梅花弟及双元唯赇令名长存"，宣示着水东宋氏曾经的战绩与雄壮。

一座座木屋虽然陈旧，却含蕴而不张扬。雕刻着朴素情趣与图腾的石基石刻，质朴而厚重。在这情趣依附的旧墟构成的古寨中，文化与历史象逝去的岁月一样潜入石雕木刻与泥瓦构造的旧迹里，折射出庄严而温暖的光泽。

行走在寨中，厚重的朝门、正房，防匪患兵的四合院，让人感觉到时光在这儿慢慢流失，心情在烦躁中得到平静。人与人之间可以无拘无束地走，可以无所顾忌地交谈，把外界的轻浮与虚伪隔绝，把自己的情感与心灵在这儿倾泄。生命便在这纯朴的古色中获得返璞归真的宁静，感受到古寨带给自己的真实与温馨。

"石墙石井石板路，石梯石馆石沟桥，木床木雕木神

拴马石和上马石

涂家大院厢楼

宪，木板木栏木建筑。"马头寨人宋勇军用这4句话，道出了古寨的建筑特色。走进古寨，还真是这样的感觉。的确，作为土司古寨，马头寨古建筑个性十足，这是马头寨成为国家级文物保护单位必要条件。

　　马头寨古建筑群主要以民居为主，也有少量寺庙等其它建筑。据县文管所统计，现存古民居97栋，清代寺庙2座，戏楼1座，石拱桥1座，寨墙80米。

三、重要历史遗迹

　　马头寨最有价值和具代表性的民居建筑，有总管府遗址、七大爷宋荣宗宅、八大爷宋荣昌宅、宋耀玲宅及涂家大院。

宋勇军

　　总管府遗址　是元代底窝紫江总管府和明代底窝马头总管府遗址，俗称"大朝门"。位于马头寨西沿的钟台地上，居高临下，视线宽阔，易守难攻。左侧是黄家田湾，右侧是马头小溪，落差在10—30米之间。前面是二级梯土与

总管府建筑

大田（二组）高差 40 余米，三面坡度在 70°--80° 之间。后面是尖坡大山，山脚寨后有一株直径 2 米的古榉木树，它是马头寨古建筑群的核心。

　　钟台，又分为上下两级平台，中高差 4—5 米，上、下两级平台均为石墙、木房、三合石院坝。下平台是总管府衙门遗址，现存左侧正房 3 间，厢房 2 间，为清代建筑，右侧砖木房为二十世纪 80 年代修建。院内尚存元、明遗迹，上马石、"寿"字级、"长发永安"石雕各 1 块，以及原建朝门石条 30 余块。其中，有 3 块巨石重约千斤，现复砌于围墙上。石质为黄炮石，取材于后山石厂湾。左面是官差杂役居住，左边原有一段 30 米长的石围墙，高 2 米、厚 0.8 米，上世纪 80 年代，被居民拆做建房基石。现仅存上段寨墙于杂草丛中，长 80 米，高 3—4 米。上平台地面较宽，又分为前后两部分。前半部是议事厅，现存木房 5 间，为清代建筑，右侧砖木房为现代建筑。

林柏海

后半部是官宅区，现有正木房7间，左厢房两间，八字朝门于厢房内西开，右侧门柱脚有石雕1块，上雕有双蝠、双凤、花卉、牵牛花图案。正房右侧是3间厢房地基，前面是古砖砌成的围墙，高2米，长度已拆去右半段。

林柏海，从小跟着母亲到马头寨定居，总管府遗址就是他家的住房。他对总管府、对古寨非常熟悉，他说："我从小在总管府长大，看贯了这里的石墙、石院坝，经常摸着石头上的字玩耍，并没感到有什么神奇。到史志办工作后，编《开阳县志》及《马头村志》，了解了更多古寨历史，才知道我居住过的地方是水东土司衙门。"

整个台地，除后山外，其余三面都是陡坡、土坎相连环绕，横向300米，纵向250米。前中是衙门大门向东北开，出门下72级石梯出寨门，行1公里过万寿古桥至下杨黄寨（今杨方寨）军营。

在总管府处，可以一览全寨，底窝坝有什么风吹草动，可以尽收眼底。

马头土司议事厅

七大爷宋荣宗宅

八大爷宋荣昌宅

宋荣宗宅　为总管府议事厅改建或重建，建筑面积 800 多平方米，现存清代建筑，坐南朝北，为正房、两边厢房与照壁组成的三合院。悬山青瓦顶穿斗抬梁式木结构，门窗雕有花纹，左厢房前有穿斗抬梁式木质朝门，朝门两边饰金制石雕。两厢房内走廊栏干做成万字格，正房前巨石砌廊，条石上雕有精致条纹。

宋荣昌宅　位于寨子中后部偏西北隅，建筑面积 1200 多平方米，建于清中晚期，正房及厢房门窗均雕饰万子禾蝙蝠等吉祥图案。建有朝门，独自一体，与正房大门朝向成直角。院内可见明清石照墙 30 多米，石块铺成的天井 3 个。

宋耀玲宅

花甲重添匾额

宋耀玲宅　位于马头寨西北隅，清末木建筑，建筑面积 500 平方米，现存正房及右厢房。1935 年 4 月红军长征住宿时，在其堂屋里留下很多红军标语。

宋荣宗与宋荣昌，是马头寨有名的"七大爷"和"八大爷"。咸同战乱时，他们的 6 个哥哥均死于兵祸。战平后，父亲宋耀萱重整家业，宋荣宗和宋荣昌兄弟俩继承了全部家业，遂成为马头寨的首富，又在哥老会中任袍哥龙头大爷，好结交士绅及社会人士，在当地很有威望。其父六十大寿时，时任开阳县长张翰赠寿匾一块，上书"花甲重添"。宋荣昌后半生，大力兴办教育，他将宋家祠堂改为学校，创办了马头小学，出资请老师到学校上课教学，他自己兼任首任学校董事会的董事长，为当地人做了很多好事。马头小学于 2013 年撤并到开阳民族中学，现为马头寨文物管理所及水东文化陈列馆。

宋灿松，74 岁，八大爷直系子孙，他告诉我们："八大爷是我爷爷的父亲，听老人们讲，他有文化，曾经在外面当过职员，回家后任过团总，是底窝坝有名的袍哥龙头大爷。现在我们这一支，居住在马头寨的还有 50 多人。"

宋灿松

涂家大院　涂氏为马头寨第二大姓，涂世秀宅位于寨子北隅，清代建筑，面积 700 余平方米，现存正房及两厢房，门窗饰精致木雕，正房和天井保存完整。

走进这栋大宅院，可以感觉到涂姓曾经的辉煌，一直居住在里面的涂明光正在院子里扎灵房，他在县城学得这门技术，又回到大院，在大院的厢房里做手艺活。厢房门口放着一些做好的及半成品的祭祀纸扎用品。

69 岁的的涂明光告诉我们："涂家大院有些年份了，曾经听老人们说是清光绪时修建的，我家一直住在这个院子里。现院子里还住着 5 家人，全姓涂。我们涂家人口不少，现在有一部分搬到寨子对面建房居住，在那里形成新寨了。"

涂世秀宅

涂明光

翻阅涂氏族谱

涂氏祖先涂应虎随吴三桂入黔，不愿远走云南，留在底窝坝，与宋氏亲如兄弟。后来，两姓合修宗祠，供奉祖先，涂氏祖先供奉左，宋氏祖先供奉右。涂家因为出了涂仕秀和涂希廉这两个人物，才有了气派的涂家大院。涂仕秀清道光年间任贵州省衙的文书官，后辞职回乡办义学，自己出钱把兴隆寺庙前的涂家祠堂改造成学馆，出钱请一周姓老先生与自己一起义务教学，是禾丰地区唯一自己出资兴办义学传播文化的人。涂希廉民国 22 年（1933）任禾丰乡乡长，1939 年禾丰乡改为猴场联保，任联保主任，1945年卸任。他组织群众兴修沟渠等，做了很多好事。

四、寺庙

寺庙，大多建在清雅之地，而马头古寨中的兴隆寺，却是建在住户密集的寨子中，这与其是土司官寨的历史密不可分。

兴隆寺

兴隆寺初建于明朝中期底窝总管府时期，规模庞大，气势宏伟，有正殿、下殿、两厢、配房、套房 20 余间，基石均为细工铸成。明末动乱时，毁于兵火，现基石尚存。大清康乾盛世时，宋氏、涂氏共同重建正殿 5 间，两厢各 2 间，改为家庙。涂左宋右，供奉着两姓祖宗，为了子孙发达兴旺的共同心愿，取名"兴隆祠"，清咸同战乱时被毁。光绪二年，宋、涂二姓重修改为佛庙，更名"兴隆寺"，有大殿 5 间，两厢各 2 间。民国时期，修下殿 5 间，中为戏楼。寺庙中间有石天井，大殿内供如来大佛，左边是牛、马二王，右边供观音菩萨、普贤菩萨、文殊菩萨，四季香火不断。每逢观音会，鸣钟击鼓，敬告天地，警示苍生，避邪就吉。建国初期，庙宇被毁，人民公社时建仓库于大殿内。改革开放后，在第四任住持张永莲大师的主持下，利用治狂犬病的资金，恢复庙堂。2002 年，群众集资修建下殿，下殿上为戏楼，下为供奉花灯、龙灯的殿堂。

兴隆寺是清代马头寨佛教文化兴盛一时的历史见证，也是古寨人民现代生活重要的一部分，每逢重大喜庆时节，村民们聚集于此，花灯齐放，热闹非凡。

马头寨人宋勇军在他的文章中写道：

年幼时，我们喜欢嬉戏耍闹，在寺院的石天井尽情抒写自己的童真。可是一旦进入大殿内，就都哑口无言，不敢高声语。因为大殿内供有严肃的如来大佛、观音菩萨、普贤菩萨和文殊菩萨等。他们威严地傲然前望，让我们在他们面前感觉自己的渺小与卑微。那有节奏响着的木鱼声，那迷漫的香烟，让我们心身受到极大的震撼。我们也学着大人，双手合立，虔诚地跪着向他们朝拜。

兴隆寺

张永莲像

张永莲墓

兴隆寺是马头寨人精神的庇护场所，给马头寨人带来精神的寄托，带来了现实生活无法完成它却能完成的超现实力量。比如，有人家吵架、打架，大家就会拿着纸与香，去请求菩萨的判决。有人做了坏事，大家就在菩萨面前给予诅咒。哪家遭了天灾人祸，就到菩萨面前去祈求保佑。出了寺庙，心情改变了，大家又在期盼与幸福之中，走自己的路。

1998 年，曾经兴起了一股毁寺之风，我们马头寨 40多名 20 来岁的年青人，拿木板把菩萨给封盖上，在寺院门口写了"马头寨读书室"几个字。大人们利用各种关系，跑到黔灵山弘福寺去，取得了"兴隆寺"的寺牌。当毁寺之人来到，见已改为读书室，就没有动，让兴隆寺躲过一劫。后来我才了解到，原来兴隆寺虽然在明朝就建立，但一直没有"户口"，只有黔灵山弘福寺承认，才算是有正规户口的。如果当初毁了兴隆寺，马头古寨恐怕就少了许多历史遗迹。

时至今日，每年的正月，所有马头寨的村民，无论丁壮妇孺，无论当官发财，无论现身住何处，只要回到马头寨，都要到兴隆寺去走一走，转一转，思一回童趣，忆一下苦辣，在静谧的环境中，停滞匆匆的脚步。停停、留留，然后又走向远方。而那越来越热闹的花灯、龙灯，震耳欲聋的锣鼓声，带给他们的是走向未来平安富裕的信心与力量。

张永莲大师是兴隆寺的传承人，人称张公公、张师傅，是兴隆寺第四任住持。一个女僧人，能赢得如此称谓，自是德高望众。她的俗家弟子宋升素告诉我们，她是方圆几十里有名的救世主，知识渊博，能医病，还懂一些天文、地理、命理，擅长绘画及刺绣。尤其是治狂犬病的秘方，在那缺医少药的年代，挽救了很多人的生命。

张永莲是黔西人，16 岁出家，1946 年进入马头寨兴隆寺，1993 年圆寂，享年 84 岁，葬于兴隆寺旁。俗家弟子宋升素在其墓碑上撰联："德深于众，如江河行地；功高于世，似日月经天。"

宋升素，73 岁的禾丰中学退休教师，他对古寨非常热爱，在马头寨生长，一直在禾丰教书，退休后仍然定居马头寨。他说："1984 年 3 月底，狂犬病盛行，我得马头寨兴隆寺第四任住持张永莲大师秘传狂犬病秘方，拯救芸芸众生。"

兴隆寺建寺之初的祠堂功能，咸同战乱被毁后重建时被分离出来，宋氏祠堂迁现马头小学柏香树下寨前案台处，涂氏祠堂迁对门寨岩头顶。光绪元年，宋氏祠堂在族长宋允文倡导下，筹集资金在寨前案台重建。新祠坐南向北，正房 5 间，两厢各 3 间，照壁用砖砌成，整个祠堂四周是用砖全包围的四合大院。1958 年扩建马头小学，将宋氏宗祠拆除，扩建成禾丰乡第一小学，后改为马头小学。

宋升素

朝阳寺

朝阳寺

朝阳寺位于马头寨南与坪寨交界处，建于清乾隆二年（1731 年），该庙为与马头寨相邻的坪寨宋万化后裔联合族人修建，最初用于供奉宋万化等宋氏历代祖宗，叫朝阳祠，后改为佛庙、宗祠并用。有正殿 5 间，两厢各 2 间，下厅 5 间，中为石天井，山门外有 72 级石梯和宗祠掩隐在林荫中。基石精雕细刻，门窗刻有莲花、鹿花、瓶花、葵花、如意等图案。

第五章
水东文化

　　水东文化是开阳县文管所所长何先龙先生挖掘和研究的成果，十多年来，他一直潜心研究水东文化，由此延伸到研究中国土司制度，是研究水东文化第一人。是他，掀开了千年水东神秘的面纱。

何先龙

　　水东文化是水东地区各族人民经过千余年相互融合逐步形成的，是以儒家和谐文化为核心，以布依文化与汉文化等相互融合为本质，以水东宋氏土司历史文化为依托的特色文化。是独具地域特色的地方文化。

　　贵阳地区是水东文化的核心地带，马头寨集中体现了水东文化的核心价值。宋、元时期，底窝一带已是各族杂居。明初，宋德茂奉命驻守底窝后，很快融入布依族之中，其子孙一直居住在马头寨，如今马头寨 200 多户村民中，汉族占大部分。

生活在马头寨悠然的村民

马头寨背靠百花山，面朝底窝坝，东、北濒清龙河、深水河，寨内小溪潺潺，古树森森，周围林木茂盛，布依、汉、苗等各族人民世代和睦相处至今，充分体现出水东文化人与自然和谐、人与人和谐、人与社会和谐、各民族和谐共处的核心内涵。

一、水东史前文明

2003 年，在马头寨所处的水东开阳地区发掘的打儿窝古人类遗址，是水东地区已大规模科学发掘的唯一旧石器时代遗址。出土文物极其丰富，文化特征十分显著，比较清晰地揭示出水东地区距今 27500 年到 8000 年的新旧石器时代古人类生活状态，是当之无愧的水东史前文明发祥地。

打儿窝遗址位于开阳十里画廊之南江乡土桥村南江峡谷东南端的贵开公路旁，遗址占地总面积约 177 平方米，周围是山崖，山上有茂密的植被，山间有溪水，很适合古人类居住。

2003 年 8 月，贵州省考古研究所为配合贵开二级公路建设，受贵阳市公路局委托，对公路沿线进行文物考古调查时，发现了这处古人类遗址。9 月，贵州省考古研究所和开阳县文物管理所组成考古发掘队，对遗址进行了第一次抢救性发掘。经过近两个月的发掘，试掘面积 8 平方米，试掘深度达 4.55 米，虽未到底，但已有叠压关系清楚的 18 个文化层呈现出来，这在水东地区还是首次。这 18 个层位共出现遗迹现象 44 个，包括墓葬 11 个，灰坑 19 个，灰堆 8 个，骨堆 1 个，钙板胶结物 5 个。整个探方几乎每层都有大量的动物碎骨出现，各层共出土碎骨大约有上千斤。其中包括已灭绝的中国犀和巨貘牙化石；东汉晚期的"剪轮钱"、石器、石料、骨器和陶片；明代的青花瓷片、明代瓦块以及在贵州首次出土的圆圈纹陶片等。

据第一次发掘统计，在打儿窝古遗址，共出土兽骨上千斤，哺乳动物牙齿化石 2181 颗，上、下颌骨 115 个，各部位骨骼化石 1415 块，骨制品 9327 件。其中，比较珍贵的有 19 颗中国犀、7 颗巨貘的臼齿。据专家介绍，人类遗址发现巨貘、中国犀化石，对史前考古的断代提供了重要佐证，将贵阳的历史至少上溯至一万年以前。同时，对

打儿窝古人类遗址

清龙河十里画廊乡村旅游节活动　　　　　　　　　　　　　　布依族坐夜筵

古代气候和地理环境的研究也具有较大价值。除了发现上千斤兽骨外，在打儿窝古人类遗址中还发现了大量的烧骨以及灰堆。另外，还出土各种打制石器、骨器和磨制石器、骨器及陶片、动物化石和陶片等数十万件。其中出土的骨制品数量尤为惊人，足有近万件。工具以骨器为主，石器为辅，石器外形比较粗糙，表现特征极为原始。所出土的陶片火候不算高，陶色不均匀，质地不太硬。主要是褐色夹砂陶，纹饰以细绳纹为主。由此可以推断，这里曾经有古人类居住活动的痕迹，当时他们仍处于原始的经济状态，过着群居生活，共同劳动，共同生产。

　　大量的出土遗物对研究水东地区乃至贵州省的历史，提供了相当重要的实物依据。据中科院碳14测定，可以确定打儿窝古遗址是一处距今27500-8000年并延续到宋明时期的古文化遗址，而且从旧石器时代至新石器时代至汉代至宋明时期各文化层叠压关系十分清楚，遗址最早到距今27500年左右。

2008 年，由于安全因素，发掘并未到底。2010 年，中国科学院古脊椎动物与古人类研究所报经国家文物局批准，由中科院、贵州考古研究所和开阳县文管所组成联合考古队，由中国旧石器文化研究泰斗、中科院古脊椎动物与古人类研究副所长高星研究员，亲任领队再次进行考古发掘，经过两三年不断发掘，出土文物层出不穷，数以吨计，不仅在水东考古史上绝无仅有，而且在贵州考古史上也极其罕见。

二、清龙河布依文化画廊

马头寨所处的清龙河十里画廊一带，有著名的国家 4A 级景区南江大峡谷，南江上游之一段河流就是清龙河。一条河流之两段，取名不同，风景各异，南江险峻流急，峡谷深幽，清龙河平坦流缓，土地肥美。根据各自的特色，开阳县人民政府分两段开发旅游，南江以峡谷风光漂流为主，清龙河畔以政府投入打造成乡村旅游，即美丽的清龙河十里画廊，是贵阳市旅游内容最为丰富的乡村旅游景区之一。

清龙河下游南江大峡谷
景区一角

1

2

清龙河十里画廊以禾丰乡政府所在地划分为两段，上段，县境河流源头王车村至马头村境内至禾丰乡政府，经禾丰集镇流往下段。下段，从禾丰集镇经万寿古桥，至南江乡龙广村境内进入南江河。清龙河沿岸，是水东开阳地区布依文化走廊，民族村寨星罗棋布，寨中古树参天，民风淳朴，建筑典雅。悠扬的布依族民歌，香甜的布依米酒，热情的布依人与山水组成了一幅唯美的画卷。

十里画廊之美，除碧波荡漾的清龙河，还有河畔民风纯朴、依山傍水的十多个自然村寨，最具特色的是旧林故渊、古风河韵、万寿古桥、玉水金盆、土司古寨、云山茶海、水调歌头、书香门第 8 大景。这是县里打造清龙河十里画廊时，文化人为沿河景点取的雅号，每一个名字对应的是一个寨子或美景。十里画廊之旧林故渊，古风河韵在南江乡境内，即凤凰寨和坪寨两个布依寨，依山傍水，美不胜收。恬然的田园风光，神秘的水东土司历史文化，浓郁的布依风情，悠久的古桥，茶香墨香，构成十里布依文化走廊。

土司古寨马头寨所处的禾丰布依族苗族乡，在清龙河十里画廊之上段。东与南江布依族苗族乡为邻，南接乌当区羊昌镇，西靠修文六屯乡和开阳双流镇，北接开阳城关镇，是开阳乡村旅游的龙头。在这里，春天可以观赏桃红李白菜花黄，夏天可以尽享清龙河水之清凉，秋天可以欣赏金色田园和遍山红枫，冬天是山头雪罩梅花香。无工业区，没有污染，空气清新，水质清亮，地净天光。

3/ 水头寨寨门
4-5/ 水头寨罗氏百年老宅

3

4

5

1

2

　　玉带似的清龙河，最先进入禾丰王车村，流出王车时，在宽阔处拐了一个弯，便形成了金盆似的底窝田坝，然后穿村绕寨，流向南江大峡谷。

　　书香门第——王车，是有名的布依书法村，因该村民人人爱习书法、家家习字、户户书香而得名。2007 年 6 月，贵州省布依学会到开阳考察，王思明会长亲笔为王车提写了"布依书法第一村"。年底的开阳布依学会成立大会上，省布依学会授予王车"布依书法第一村"称号，并举行了授牌仪式，成为远近闻名的最具文化内涵的布依村寨。

　　王车是清龙河十里画廊的源头，是开阳连接修文桃园的边陲，幽静、朴实、充满书香。还未进寨，你就会被寨门上的对联"笔走龙蛇，老少都能露一手；歌招鸾凤，男女皆会唱两声"吸引。进入王车大寨，你会看见家家户户门窗前贴有对联，多数人家中挂满字幅，这是王车人自己的作品，王车人喜欢书法，农闲或有兴趣时就会拿出纸笔来，挥上几笔，翰墨沾巾，休闲自在。

1/300 多年历史的万寿古桥
2/ 玉水绕金盆
3/ 云山茶海

3

水调歌头——水头寨，是典型的布依村寨，清龙河从寨脚流进底窝田坝。寨后古木参天，寨内排排布依黔中式古民居建筑错落有致，串寨路是石板铺就，洁净清爽。房前石院，房下石基，院外石墙，柱下石墩做工精细，花纹图案精美，风光秀丽，背山临河，山歌袅袅。

水头寨布依族与水东宋氏后裔相邻为寨，相处融洽，受汉文化影响较深，对私塾教育特别重视。在古代，凡有子弟，无论贫富都要接受私塾教育。这里，现有保存完好的罗家老宅、布依酿酒、榨油、石磨、水碾、竹编、木雕、陶烧等，有隆重的布依进寨仪式，古老的朝门，庄严的私塾学堂，文化底蕴深厚。徒步寨中，仿佛倘徉于悠远的历史画卷。

廊桥遗梦——万寿古桥，横卧于禾丰街上，清龙河从桥下流过。古桥始建于清雍正六年（1728 年），是开阳跨度最大的古代石拱桥，曾是开阳通往贵阳的重要交通通道。

水东宋氏后裔宋升素

古桥造型优美，石雕花栏柱，如十里画廊的一道彩虹，承载着传奇的神话。夕阳下，桥影波光交相辉映，古桥森森，河水悠悠。站在桥上，可以感受古朴清幽的韵律。

玉水金盆——**底窝坝**，从马头寨或更高处往下看，清龙河像一条玉带，绕着田坝流了半个圆，咋一看，整个田坝就像一个大盆。春季，田野里尽是黄灿灿的油菜花；秋天，金黄的稻浪在田坝连绵起伏，整个田坝在清龙河的包围下形似盆而色金黄。沿着清龙河的堤坝，建有休闲绿道，可以漫步，可以骑车观光。入夜，绿道旁华灯初放，河风徐徐，人影幢幢，垂柳轻拂，仿佛进入梦里水乡。

云山茶海，在马头寨背靠的百花山，深水丹霞，山岭嵯峨。这里不仅有云山，还有茶海，茶垅翠滴，云蒸雾绕，茶庄临崖而建，厅室亭廊，飞檐翘角，有如仙宫，是一个集品茗、休闲、娱乐、餐饮服务于一体的绿色生态旅游景区。居高临下，在山之巅的回廊内品一杯香茗，听着悠悠古筝的旋律，有若仙境，有一种远离尘世之感。

三、马头寨的非物质文化

家住马头寨的水东宋氏后裔宋升素老师，退休后，凭着自己对历史的了解及家族的热爱，用自己的退休工资常年奔走在各地宋氏族人之间，收集整理宋氏史料，并参与族人编辑《黔中宋氏》专刊，宣传和交流各地宋氏资料。他是马头寨最热心的土司后人之一，宋氏家史全在他的脑中。他对马头寨的非物质文化也进行了全面收集和整理，用自己的笔记录了这些难得的史料。

（一）水东宋氏婚礼习俗

水东宋氏统治鸭池河以东地区达数百年之久，是古代开阳版图上的官宦旺族。在长期的统治过程中，与开阳各民族融合一体，形成了一系列礼俗文化。水东宋氏婚俗文化与开阳大多数汉族地区婚俗大同小异，婚姻也讲究门当户对，礼节繁琐，三回九转。

以前，男女双方在结婚前，大多不认识，一旦提亲，更不能相见，全凭媒人描述。双方父母各自暗中调查，若均有意，则由男方家备水礼到女方家讨草八字。男方家请八字先生合八字，若双方无刑、冲克害，男方家则择黄道吉日，用红纸写上男方的生庚年、月、日、时，备上彩礼到女方家讨女孩的红八字。女方父母同意后，则将女儿的生庚年、月、日、时，写在男方红庚贴的后面，格式为：

劳作中的马头寨村民

```
乾                        男 乾
    造生于    年 月 日 时 为
坤                        女 坤
```

这叫合八字，由媒人转交男方父母，双方婚姻就此而定。

男方家要结婚，就要择定良辰吉日，备好丰盛彩礼，连同期单送到女方家，这叫"送期"。

结婚头一天，女方家摆嫁女酒席，男方家再备彩礼，盛于合内，请押礼先生、家门弟兄、寨邻老幼若干，抬起合，拗鸡箩，吹唢呐，打起旗锣，浩浩荡荡送到女方家，这叫"接亲"。

打旗锣是以前抬花轿接亲时用的一种乐器。有头面的人家，为了面子，除请两个吹官师吹唢呐外，还要请两个旗牌官打旗锣。两个青年男子，身着红衣红裤，头戴红花，左肩上各扛一面红旗，左手各提一面大锣，右手各拿一个锣锤。锣锤用布或糯米草扭成绳，绞在竹夹或木棒上，木把一尺左右，锤头比鸡头略小。当主人家花轿起身时，要提前敲几调。起轿的时候，旗锣、鞭炮、唢呐齐鸣，人声鼎沸，气氛热烈。走在路上、过街、过寨、过森林要敲打，或与唢呐交换使用。到了女方家，要打得激烈，打的时间长。

打法原则上是去单来双。如图"〇"，一秒钟打一棒。三棒连拍打，速度要快，1.5秒钟打完。一开始就先打一棒1，急着打三棒〇〇〇，再从1开始2、3又急打三棒〇〇〇。又从1开始2、3、4、5又急打三棒〇〇〇，如此类推至13便打回头锣。从1开始2、3、4、5、6、7、8、9、10、11、12急着打两个三棒〇〇〇　〇〇〇，又从1开始2、3、4、5、6、7、8、9、10急着打两个三棒〇〇〇　〇〇〇，又从1开始2、3、4、5、6、7、8，急打两次三棒〇〇〇〇〇〇，如此类推回到0为止，算是一调。如果要打长，只须重复数次即可。拍节如下，原则上是去单来双两人同时敲打：

去单

1〇〇〇

1、2、3、〇〇〇

1、2、3、4、5〇〇〇

1、2、3、4、5、6、7、〇〇〇

1、2、3、4、5、6、7、8、9、〇〇〇

1、2、3、4、5、6、7、8、9、10、11、〇〇〇

1、2、3、4、5、6、7、8、9、10、11、12、13、〇〇〇

来双

1、2、3、4、5、6、7、8、9、10、11、12、　　○　　○　　○

○○○

1、2、3、4、5、6、7、8、9、10、○○○　○○○

1、2、3、4、5、6、7、8、○○○　○○○

1、2、3、4、5、6、○○○　○○○

1、2、3、4、○○○　○○○

1、2、○○○　○○○

返头

1○○○　1、2、3○○○　1、2、3、4、5○○○

以此类推，反复几次，根据用场而定。

女方家要设宴接待亲朋好友，以前，晚上女孩要哭爹妈、姑亲母舅、哥嫂、叔伯、弟妹等，哭到的亲人要为嫁女赠送礼物，即衣物、首饰、钱币、器皿等，这叫哭嫁装箱。出嫁女要按时梳妆打扮，穿好坐等辞亲登轿（车）起程。出门时，要由兄长或弟背上轿（车），再由兄嫂、弟妹或表亲等多人陪送，这叫"送亲"。男家张灯结彩，喜联成对，宴请亲友。新人花轿（车）到后，在礼乐声中，轿至大门前，停在院坝中央，由司仪人主持婚礼。主家摆好香案、马鞍、七星灯，准备回车马神仪式。

回车马神也叫回喜神，是水东宋氏祖先流传下来的一种婚俗礼仪，在上世纪五六十年代，宋氏族人秉承祖先意愿，还在举行回车马神仪式。当花桥抬至家门，停在院坝中央，主家就要在堂、轿之间设好香案、马鞍、七星灯等候。然后，请主事先生焚香秉烛，烧钱化纸，敬告天地，举行回车马神仪式。

主事先生手拿钱纸，边烧边作揖，边高声念：

伏以：时吉时良，天地开张，新人到此，车马回乡。（比手势）一张桌子四角方，张郎设计鲁班装，四面雕起云牙板，中间焚起一炉香，道香得香，银宝回乡，香抽三柱，遍满四方。

伏以：桌子高上一把瓶，不装金来不装银，瓶中装的是美酒，将来回敬车马神，酒斟一盏二盏三盏圆满，酒不重斟。

伏以：远望一轮车，罗帏四角遮，远望一轮轿，罗帏四角罩，车来车且住，马到卸金鞍，新人来到此，暂停一时间。七涌香烟非等闲，天上嫦娥下凡间，六焚宝香迎圣驾，暂停车马一时间。

伏以：喜鹊成群，玉渡人间美女，凤凰鸾驾，会合天上神仙，择定良辰与佳期，鸾凤和鸣于今日。今有 x 姓令郎 xxx 与 x 姓之女 xxx 结为夫妻，良缘缔结，凭媒说合，迎亲过户，百年皆老，富贵荣华。

伏以：娘家香火请转去，婆家香火出来迎，天煞归天，地煞归地，年煞月煞，各安方位。

伏以：再来请到，东方青帝，红鸾车马神君；南方赤帝，红鸾车马神君；西方白帝，红鸾车马神君；北方黑帝，红鸾车马神君；中央黄帝，红鸾车马神君。车前娘子，车后郎君，各拿钱财，各安方位。

伏以：过山山神土地，过水水府三官，过桥桥梁土地，过寨寨管土地，房屋童子，四角地神，虚空过往，纠察善神。左门神秦叔宝，右门神胡将军，领拿钱财，各安方位。杀鸡。

念：此鸡不是非凡鸡，身穿五色绿毛衣，凡人将你百事用，弟子将你回敬车马神，天地无忌，年月无忌，日时无忌，开刀见血，鸡血落地，众神领取，大吉大利。姜太公在此，诸神回避，百事顺遂，大吉大利。

迎请轿师升轿

伏以：重重叠叠升上遥台，迎请新人下轿（车）来，三寸金莲站不稳，金童玉女两边搀，左脚跨过金鞍子，右脚跨过七星灯，左手摸过金铜锁，右手摸过净宝瓶，自从今日摸过后，主家灾消百年兴。

伏以：三尺凌罗照乌纱，美女将拿头上捴，秤杆撬开乌云帕，现出美女一枝花。男站东 女站西，二人站起一般齐，祖宗堂前行大礼，富贵荣华万万春。敬祖脱帽：一鞠躬，拜天地，二鞠躬，拜双亲，三鞠躬，夫妻对拜，复帽礼毕，平身退位。男前女后入洞房，六合天喜在中央，自从今日结配后，白发到老万年昌。

现存坪寨戏楼

马头寨兴隆寺戏楼戏台

礼毕，新娘、新郎在爆竹声、唢呐声、旗锣声中双双进入中堂，跪拜天地、祖宗、父母，夫妻对拜，叫做"周堂"。然后由牵亲人带着新娘，男前女后进入洞房，在牵亲人的指点下，喝交杯酒，双双坐床，结婚完毕。门外弟兄、表亲破门而入，抱着新郎与新娘在床上滚、嬉戏，这叫"疯亲"。是夜，新郎族中弟兄、子侄、表亲等入洞房谈笑取乐，三天不分大小，叫"打新房"。男女老少，其乐无穷。

送亲客有当天回转的，有三天回转的。新郎家备好礼物，请一人陪送到家，整个婚礼才算结束。

（二）民国时期马头寨川戏

马头寨自元、明土司总管府设置以来，一直是一个拥有近 300 户 1000 多人的自然村寨。其中，百分之八十的宋氏，余为涂氏和其他异姓及暂住户。在古代，土司古寨一直有舞枪弄棒、习学武艺的传统，有舞龙、玩灯、唱戏、

马头寨大戏

马头寨川戏传承

采茶、说书、送春联贺新春的习俗。由于政局不稳，时断时续，时旺时衰。民国年间，贵州远离中原，战事不频繁，生活还算稳定。马头寨是大寨子，人丁兴旺，向来重视文化生活，寨内的大户，常请江湖艺人入户表演，带动了寨人喜欢文艺。

　　"朝也愁来暮也愁，只为荆州结冤仇，本都领兵下江口，不取荆州不回头。本都姓周名瑜字公瑾，入朝以来，文能安帮，武能定国，吴王大喜，封为水军都督在朝。从早令得徐盛、丁奉整顿人马，兵伐南关，不知可曾齐备……"这是川剧《芦花荡》中周瑜的唱词，至今，马头寨的宋升素老师还能随口唱出。小时候马头寨唱川戏的情景一直在记忆中。

　　他说："我们寨子唱川戏是涂家引进来的，1931年春，一个偶然的机会，寨人涂希廉结识一个靠帮人干零工、做小生意维持生计的四川人雷贵洪，让他到家里帮忙做事。他会唱川戏，无论干活、走路、休息都在练习戏词、锣拍、歌调，自娱自乐。吸引了周围的几个青年，边听边学，产生了浓厚的兴趣。雷贵洪见有人喜欢，也很乐意教大家。涂希廉正式组建戏班子，从此，马头寨便有了自己的川戏班子。后涂希廉当上乡长，更加重视川戏班的发展壮大，马头寨川戏名声远播县境。先后有王心汉、余庆芝、龙应奎等老艺人闻讯投奔加入，更充实了戏班班底。戏班文、武、生、旦，敲、唱、跳、弹、拉、画、吹俱全，马头寨热闹非凡。我父亲爱唱川剧，是马头寨中七、八个主角之一，从小受他的感染，我也喜欢唱。"

马头寨戏班依托宋、涂二姓族人，用送春贴的形式，去大户人家化捐。加上族人的集资，戏班子行头齐备，各种道具齐全。

为了方便唱戏，在兴隆寺周大师主持下，修建下殿五间，中为戏楼。每年元宵佳节，花灯龙灯等各种戏剧，都要上台面众，曾经有县府官员亲临马头寨观戏。寨中大户人家更是接灯、坐夜、坐台、玩通宵，显示实力。民国27年、32年，开阳县县长欧先哲、李毓桢先后召集马头寨川戏班到县城演出。

马头寨川戏班子，主要成员有涂希莲、涂佐清、宋荣春、宋北海、宋荣丰、宋鹤轩、宋光孝、宋灿益。唱的节目有《大战长沙》、《黄河摆渡》、《芦花荡》、《截江救主》、《调叔》、《桂姐休书》、《鱼传氏》、《天官赐福》、《三家店》、《三叉口》、《单刀赴会》等，还有花灯调和笑谈。唱花灯调的有宋灿禄、宋灿明、宋灿仕、萧永臣、黄柏昌等一群爱唱爱跳的乐天派。如今除宋灿禄还在世外，其他人都已作古。

现在，马头寨川戏二代传人有宋升林、宋升素、宋灿刚、宋培之等，已是古稀年龄。

（三）土司古寨闹元宵

水东宋氏祖先有春节玩灯闹元宵的习俗，建国以来一直不衰，原因是寨大人多，热闹得起。人们还可以借此祈求风调雨顺，国泰民安。

马头寨有一个灯会组织，由村民轮流组成。分上、下首，上年的下首便是下年的上首，以此类推。马头寨6个组，每年一个组两人，深水，新寨每年各1人，共14人组成灯会。选出3人当会首、会计、出纳，负责当年的会务、资金收支、交接等事项。

马头寨玩的灯是花灯和龙灯。花灯由排灯两盏（神灯），果果灯两盏，采茶灯4盏，共8盏组成，龙灯由龙头、龙身和龙尾共9节组成。另加两个红宝、鱼虾灯各1，共21盏。

马头寨群众业余创作演出获奖

　　龙、花灯正月初九出灯，按迷信的说法，初九下午开光点相，神灵附灯体，灯才有灵。锣鼓齐鸣时，寨子里的孩子们顾不上吃饭，忙着要去把灯。夜幕降临，花灯、龙灯在人声、锣鼓声、鞭炮声、花炮声中出了大门。锣鼓边走边打，炮竹、花炮边走边放。一路上，家家点烛、烧香、烧纸、放花、放炮欢迎，恭送出寨门。玩灯队伍至街上，要分别给政府及相关部门拜年，未出资的部门要给红包。当然，也会收到很多炮竹、花炮。

　　以后，除正月十三日是羊公忌外，其余每天晚上要开1-3户财门。开财门步骤：

　　第一步：灯到主家，花炮迎接，主家烟、茶、酒到位。
　　第二步：到大门外开财门。
　　第三步：进内堂，参内神，二人耍关刀，唱完词后，龙灯进家，转一圈，尾前头后出，口封：倒发千年。
　　第四步：采茶。

马头寨玩龙花灯人员的合影

第五步：唱酒歌。

第六步：扫五方。

第七步：耍龙，鼓乐、花炮齐鸣。

第八步，炮送出门，收灯。

正月十五元宵节，过去要跳花灯戏，唐二、幺妹子表演对唱，还要唱川戏……晚上开山门（参庙神）。十六化灯，公布收，支账目，集资名单，下首名单，移交剩余钱币、财物，灯会成员交接手续。完毕后，共进晚餐，一年一度的元宵佳节，就算完成了。

马头寨玩灯锣拍子打法是：

1.开始，钹、大锣同时打三棒后，便打XX〇XX〇打闹台。马锣在打XX〇时，要连打三棒，前轻后重，左手拿马锣，右手棒打时，要先松手，否则不叫。

2.马锣与钹交叉打，勿前勿后，前轻后重，单打时要抛上天才好听。马锣带头，钹跟着拍子追。闹台时，钹为主。

3.大锣跟着钹走，打在每拍节最后一拍，一拍一棒，或两棒，或三棒。按时打，否则不好听。

4.鼓从头到尾匀速一拍一棒，一棒一秒。

5.速度：一般1拍一秒钟，拍节间停半拍，若与其它几套锣鼓混打时，一定要熟记锣拍子，否则要乱套，并且要打得快，打得重。

（四）古寨人经历的玩龙灯

从小在马头寨长大的林柏海，任县史志办副主任期间，组织收集并总纂编辑了《马头村志》，他不仅将马头村的历史及发展历程收录成志，还写了很多诗歌、散文、随笔、文史文章，集辑公开出版 2 本个人文集，是马头寨走出来的文化人。他少年时的观灯经历，再现了马头古寨玩龙灯的全过程。他回忆少年时的情景：

马头寨花灯

玩龙灯期间，不管龙灯从村寨的哪一条路上经过，沿路两旁的人家无论老幼都会从屋里出来看灯，几乎家家都要焚香化纸，富裕一些的人家还要放鞭炮。好多人家一边焚香化纸，一边向龙灯菩萨许愿！大多数人心里念念有词，祈祷保佑"家人身体健康，出入平安，来年风调雨顺，五谷丰登。"有点小灾小难的人家，祈祷"菩萨消灾解难，逢凶化吉……来年用猪头还愿。"有些没有生小孩的妇女祈祷许愿，"尊请龙灯菩萨给她送来一儿半女，来年给龙灯披红挂彩。"也有一些人，因为田土边角、沟水灌溉、房屋矛盾……反正是一些上不了公堂的鸡毛蒜皮，皮筋渣滓事儿向对方赌咒，"尊请龙灯菩萨裁定，惩治恶人"等，虽然乡亲们的做法有些庸俗、落后，但有时也邪门正道，歪打正着，居然对号入座如了愿。没有男孩的人家有了男孩，没有生育的妇女抱上了大胖小子，部分恶人也遭到报应。总之，龙灯菩萨成了万能，大家对龙灯菩萨格外的崇拜。

那时的这些许愿，确实是有些幼稚，或者说落后和迂腐，但至少能给人一种希望，一种寄托，在"恶"与"善"中去平衡人与人之间的关系，去净化自己的心灵。

马头寨玩龙灯有两个目的，一是给人家开财门。在马头寨居住人户，几乎每一家三年两头都要开财门，希图一个热闹、喜庆、吉利；二是给许愿的人家还愿，这种情况特别热闹，主人家是有充分准备，如果是许愿生男孩的，生育男孩后，还会杀一头全猪还愿。

玩龙灯的场面颇为壮观，用锣鼓伴奏，听从擂鼓手指挥。手举圆宝之人，用圆宝去戏逗龙头，将圆宝放在龙嘴边，故意让龙来衔。而龙头呢？手执龙头之人将龙嘴使劲去衔那个圆宝，大有将圆宝吞进龙嘴里之势。在龙"追"和"衔"圆宝的这个过程中，整个龙身就像一条栩栩如生的真龙，在村寨农家的院坝里川流不息，婉转飞扬，跌宕起伏。这个时候，那些手里提鱼灯、虾灯、花灯的人也跟随在"龙"和"宝"空隙间穿梭。那场面，犹如在汪洋大海里，龙在飞，宝在滚，鱼在跃，虾在跳，灯光在闪烁；举宝的，执龙的，提灯的，动作自然默契，交相辉映，融为一体。周围观看的人们欣喜若狂，呐喊狂欢。这个时候，周围的人家，还会燃起香烛；主人家还会在"龙"抢"宝"之中燃放鞭炮，那鞭炮燃放的青烟散发在场景里，像紫纱，把玩龙灯的场景推进仙境。

开财门时，主人家把堂屋大门闭着。大门外依次是圆宝、龙，龙头对着主人家大门。花灯、鱼灯、虾灯，在龙身的两边。灯会中的人和执灯的人一起对着主人家大门唱歌，歌声清脆悠扬。开头的两句是"自从盘古开天地，三皇五帝到如今……"歌词的内容都是一些叙述历史故事和反映现实生活的，比如唱《三国》《隋唐》《水浒》……比如唱风调雨顺、妯娌和睦、夫妻恩爱……歌词真实、健康、积极向上，目的是"祝愿主人家平安、吉祥，倡导百姓祥和、安康"。

（五）爪扎艺术

土司官寨马头寨，是水东宋氏旁支宋德茂的大本营，是宣慰使宋钦的后方堡垒，地位特殊，家大人旺，营建的土司衙门非常气派，各种节日庆典必不可少。由于规模庞大，在那物资紧缺的年代，所需用品只能自力更生，久而

马头寨爪扎传承人
宋灿忠

久之，在家族中便形成了匠人、手工艺人队伍。他们代代相传，钻研改良，不断提高工艺水平，最终形成了独具特色的手工艺品。因是为家族服务，家族的元素特征被融入到工艺中。

马头古寨的扎灯技术尤其精湛，艺人们除了用竹篾条编扎出排灯、绣球灯、八卦灯、龙头灯以外，还会扎出鱼、虾和十二生肖形状的灯。马头寨爪扎艺人历来都是寨中村民。民国以来，有宋鹤轩、宋光林、宋灿华、宋升良、宋灿儒、宋光亮、宋光达、宋灿忠、涂明光。其中，宋光林和宋灿忠的扎艺最高。

我们走访了马头寨最年轻的手艺人宋灿忠，48岁。在他家里，墙上、窗上贴着他自己的剪纸作品，屋里放着各式扎灯。其中，有一盏很特别，他告诉我们叫"果果灯"。这盏灯角特别多，数了数有12个角，古代应该叫"角角灯"才对，大概是后来叫谐音了吧。

宋灿忠说："我的爪扎手艺是宋氏家族传下来的，曾经是一辈传一项技术，现在的人不愿学了，扎龙灯、花灯、

果果灯，以红边为核心，将十二马头设计成十二支角，均匀的分布在球体型的双层圆体上，再根据方、圆、三角图形分布，用五色纸雕成各种花草吉祥图案，各含寓意，对应饰之。头上加盖六角宝盖，用罗纹彩吊，彩飘，纸花镶嵌而成。果果灯的四方方块处书"风、调、雨、顺，国、泰、民、安"。

剪纸、雕塑都集中在我一个人身上。纯属喜欢，要靠这些手艺来挣钱不容易。果果灯也叫宝莲灯，是我们宋氏特有的，灯上的 12 个角，代表我们水东宋氏管辖的十二马头，红色的灯源代表洪边（乌当），我们马头寨以前是水东洪边宋氏管辖的马头。"

除了果果灯以外，有特色的还有其它款式，每一种都有不同的说法。闹元宵时，组成花灯群，与龙灯、花灯一起，花前龙后，配之锣鼓、烟花、爆竹、花灯调、开财门、耍关刀、采茶、唱酒歌、扫五方、各神参土地，共度元宵。

一式两盏的排灯（宫灯），分上、中、下三节。下节为台阶，上节为屋架，中节为正房大门三开，中双开大门宽是两侧小门的和，各门头上是月光门，月光门上各一块横匾，各门分别雕龙、凤、花草等对称吉祥图案装饰，各含寓意。内点红烛，通明剔透。

两式四盏采茶灯，采茶灯的四方大书："六、畜、兴、旺，五、谷、丰、登"。

宋升素告诉我们："宋氏爪扎手艺世代相传，每传由 3 人继承，分别授扎、画、雕工艺。后因时事发展，靠技艺谋生艰难，没人愿意学，工艺面临失传，久而久之，三技合一，成为单传。解放前后，有先祖公宋鹤轩，他读过私塾，是个民间书法家，将花灯扎技，依次传给宋光林、宋灿华、宋灿忠。宋灿忠聪明好学，经过长期历练，钻研，其扎、画、雕、剪的技术更提高了，并多次服务于社会，是一个名副其实的能工巧匠。"

在宋灿忠家堂屋里，有一精雕细琢的神龛，精美、大气，高 1.41 米，宽 2.05 米，后 0.47 米。神龛正面雕刻花草、人物图案，花蕊内阳刻金、玉、满、堂 4 个金字。4 个抽

精雕细琢的神龛

明代地契

屃阳刻八仙过海，两头刻有龙纹，4 支柱脚是象腿装饰，刻有 6 条龙，左右各 3 条，缠在象腿上，象脚是莲花宝座。经过考证，神龛是明朝物品，已有几百年的历史。

宋灿忠告诉我们，他的爷爷辈都不知道神龛是哪里来的，家里还保存有明代的地契，也不知道来历。

（七）宋氏花粑

春节，是民间最重要的节日，从腊月二十三日灶王爷上天去述职开始，农村人便开始筹备过年。打阳尘、熏腊肉、推豆腐、煮豆豉、做年糕等，快乐的忙活着。年糕包括花粑（糕粑）、耳块粑、糍粑、汤粑、黄粑等，一般要吃到春节过完，有的人家还要吃农历二、三月间。耳块粑、糍粑、汤粑、黄粑好做，不仅马头村村民会做，禾丰乡，甚至开阳地区大部分人会做。唯独花粑，历史悠久，曾经只有马头寨、坪寨宋氏后裔会做，后来，带动了周边部分村民学会做，如今，马头村大部分人会做花粑。

马头寨花粑

花粑的做法：

配方：10：11 比例，即 10 市斤糯米配 11 市斤粘米，混合调匀，淘净，浸泡。如用冷水泡，两天即可；如用温水泡，一天即行。按比例，如此类推，做多少公斤均行。

粉面：把泡好的米控干，打炼成粉面。练粉面，一是沿用古寨老办法，用碓磕，用罗筛筛，倒回剩下粗粒继续磕，直至全部成面；二是用机械粉碎，一次完成，省力省事。

甑：用直径1.5--2 尺高脚甑蒸，脚高 4—5 寸。甑底为"金字塔"形，上方用沙布作垫。一切备齐，盖好盖，置于锅内，锅水至椰下三分之一，不能高过甑底。待加热。

烧火：初烧时，用乱柴烧，待把锅水烧滚，换青杠柴或硬木柴继续烧，直到甑上大气。到这个时候，火不宜过猛，只保持锅水均匀沸腾。

撒面：备好红面。在撒面中，一层一层均匀撒，一层一层熟，第一层熟再撒第二层。哪里熟，撒哪里，边熟边撒，不要过急，否则，会不通气或充气，影响质量。直撒面到甑子理想位置。盖上盖闷蒸，若面呈白色，可撒点水，闷蒸几分钟，便熟。在撒面过程中，根据成花需要撒备好的红面，一般分三至四次撒红面于白面之中。

整形：将甑子抬在平面器具上，整平甑中粑面，翻倒在已备好（铺上干面或者薄膜）簸箕里（或者类似簸箕器皿里），用冷水打湿毛巾，拧去毛巾上大部分水，将粑整理成比甑子约大的圆形，冷却，翻面再冷。

解剖：根据所需形状大小，用刀切成若干方块，堆好，再用棉质物包好密封，让棉织物将其粑内水分吸去，有点开丝时，放入水中泡存。

这种花粑在水中泡，一年左右不离散、腐臭。吃时，将一墩从水中取出，切成丝或小片，放入锅里煮熟。煮熟的花粑一圈一圈红色，像清龙河里小花鱼，肉实、晶莹，看其色香，吃时爽口、香甜。吃法多种，可用油酥，或者火烤。

附录／马头古寨花灯唱词

开财门

自从盘古天地分，三皇五帝治乾坤。
前朝君王多有道，还有几朝无道君。
前朝后汉表不尽，单提仁宗有道君。
自从皇帝登龙位，风调雨顺国太平。
只因国母眼有难，四门张榜请医生。
天下医药都请尽，妙药难治眼睛清。
当天许下红灯愿，果然国母眼睛清。
一封圣旨捎天下，万民庆贺玉皇灯。
花灯龙灯从此起，万古流传到如今。
自从我主酬灯愿，才来贵府开财门。
不提财门犹自可，提起财门有根生。
葫芦有籽花有把，水有源头树有根。
又是何人来下种，又是何人制它生。
又是何物照它长，又在何处长成林。
王母娘娘来下种，土公土母制它生。
日月二光照它长，昆仑山上长成林。
此木不是非凡木，天上棱椤树一根。
上有七股朝北斗，下有九股造皇恩。
天上乌鸦不敢站，地上老龙不敢盘。
张郎过路不敢砍，李郎过路不敢行。
只有鲁班神通大，手提圆斧进山林。
乙卯一年砍一斧，乙卯二年砍半根。
乙卯三年才砍倒，树倒之时惊破天。
惊破天来惊破天，惊动天上老神仙。

打马南京请解匠，打马北京请匠人。
两拨匠人一齐拢，这棵棱椤解得成。
截了头来截了尖，截了两头要中间。
两头画起停心墨，一棵墨线弹中间。
七十二人抽上马，奔锄斧头闹喧天。
斧头砍来奔锄奔，推刨叽叽起光身。
匠人请成三月三，锯木解得两边翻。
匠人请成三月六，锯木解得两边铺。
你一拉来我一拉，二人拉得笑哈哈。
你一拖来我一拖，二人拖得笑呵呵。
头块解来黄金色，二块解来赛牡丹。
黄金色来赛牡丹，二人对面耍揪千。
长板解得千千万，短板解得万万千。
长板解来造门斗，短板解来造门条。
还有一块有用处，造块门栓栓中间。
鲁班造门三尺三，白天造起夜晚关。
鲁班造门三尺六，白日造起夜晚出。
只有鲁班神通大，造起棱椤两扇门。
造起棱椤门两扇，一扇金来一扇银。
才把财门来造起，又无钉子钉财门。
打马南京请铁匠，单单请得李老君。
口是风箱手是钳，克膝头上打三年。
长钉打得千千万，短钉打得万万千。
长钉将来钉门斗，短钉将来钉门闲。
还有一颗有用处，钉根门栓栓中间。

才把财门来钉起，又无画匠画财门。

打马南京请画匠，打马北京请匠人。

南京请来张画匠，北京请来李丹青。

张画匠来李丹青，五色颜料带随身。

左边画起秦元帅，右边画起胡将军。

上边画起龙抬头，画个狮子滚绣球。

大门头上画大字，大门脚下画麒麟。

麒麟多下麒麟子，状元多生状元郎。

主家住在真龙地，后头来龙狮子型。

　前朱雀　后玄武，左青龙　右白虎。

青龙山高生贵子，白虎山高出贤人。

主家当门笔架山，不做文官做武官。

主家当门笔架岩，文官去了武官来。

主家当门石狮子，石人石马石将军。

主家当门摇钱树，早落黄金晚落银。

初一早起捡四两，初二早起捡半斤。

初三初四不用捡，银子堆满后花厅。

捡得金银有何用，买田置地与儿孙。

王母娘娘当卖主，文武大人当中人。

上头买到昭通府，下头买到北京城。

买块长田好跑马，买块团田好喂鱼。

团田喂鱼千斤重，长田跑马点翰林。

自从翰林点过后，主家围子像麻林。

春季财门春季旺，夏季财门夏季兴。

秋季财门进五谷，冬季财门进金银。

四季财门我打开，斗大黄金滚进来。

左手开门金鸡叫，右手开门凤凰声。

左脚跨门生贵子，右脚恰门贵子生。

进堂内，放鞭炮，打闹台，耍关刀，参内神。

参内神

一进门来天对天，金童玉女排两边。

处倒就是桃园洞，还在何处问神仙。

上参天地国王主，中参君亲与师尊。

天地盖载知大德，君亲抚育三重恩。

花灯龙灯参拜你，香烟台上镇乾坤。

参拜神来参拜神，盖天古佛关圣人。

花灯龙灯参拜你，万马营中显威灵。

参拜神来参拜神，南海岸上观世音。

花灯龙灯参拜你，救苦救难救良民。

参拜神来参拜神，大臣至圣孔圣人。

花灯龙灯参拜你，龙虎榜上中头名。

参拜神来参拜神，福禄文武二财神。

花灯龙灯参拜你，千里求财转家庭。

参拜神来参拜神，四员官将四将军。

花灯龙灯参拜你，早进金来晚进银。

参拜神来参拜神，七曲文昌梓橦君。

花灯龙灯参拜你，凶星退位记心灵。

参拜神来参拜神，当年太岁是真神。

花灯龙灯参拜你，年年丰收享太平。

参拜神来参拜神，神农皇帝是真神。

花灯龙灯参拜你，风调雨顺享太平。

参拜神来参拜神，牛马二王是真神。

花灯龙灯参拜你，牛成对对马成群。

参拜神来参拜神，轩辕皇帝是真神。

花灯龙灯参拜你，万民生活忽然新。

参拜神来参拜神，鲁班师父是真神。

花灯龙灯参拜你，千家有请万家迎。

参拜神来参拜神，东厨司命灶王君。

花灯龙灯参拜你，三餐茶饭要调匀。

参拜上神参下神，镇宅土地老夫人。

花灯龙灯参拜你，后园黄土变成金。

郎君月月来进宝，招财童子进金银。

调转身来调转身，调转身来参门神。

左门神来秦叔宝，右门神来胡将军。

你在天空无坐处，玉皇封你把财门。

白天只准人行走，晚上休放邪魔行。

花灯龙灯参拜你，紧紧把守这财门。

参了内神参外神，天地三界众神灵。

花灯龙灯参拜你，风调雨顺享太平。

调转身来调转身，调转身来参众亲。

上打雪花来盖顶，下打苦竹来盘根。

自从弟子参过后，人已发来财也兴。

子时不见磨子响，磨坊生下杨九郎。

五月采茶茶叶花，桃源结义分大小。

关公走了千里路，张飞吼断八轮桥。

六月采茶热茫茫，马上跑到杨六郎。

杀人放火焦光赞，偷营劫寨是孟良。

七月采茶交了秋，隋炀皇帝下扬州。

一心只想琼花女，万里江山一旦丢。

八月采茶桂花香，药酒毒死平地王。

酒毒平地是王莽，刘秀十二走南阳。

九月采茶菊花香，梁山三十六天罡。

梁山一百单八将，一个更比一个强。

十月采茶小阳春，令公马队当先行。

七个将军八号虎，撞破幽州一座城。

冬月采茶草枯寒，曹操一心下江南。

黄盖愿把苦肉献，庞统定计献连环。

腊月采茶过年忙，韩信追赶楚霸王。

霸王追赶乌江死，韩信功成剑下亡。

采　茶

正月采茶是新年，十二美女耍秋千。

唐王顶瓜游地府，借尸还魂李翠莲。

二月采茶茶发芽，美女出在帝王家。

构皮造纸文官写，杉木雕枪武将拿。

文官提笔安天下，武将提刀保中华。

三月采茶茶叶团，关公月下斩貂蝉。

关公斩了貂蝉女，千秋万古把名传。

四月采茶茶叶长，磨坊受苦李三娘。

白天挑水三十担，夜晚推磨到天亮。

唱酒歌

一张桌子四角方，张郎设计鲁班装。

四面雕起云牙板，中间焚起一炉香。

主家造酒绿茵茵，隔年造起玩花灯。

花灯龙灯来过后，秤称银子斗量金。

柑子树来柑子桠，柑子原来开白花。

接过柑子颠倒挂，荣华富贵在你家。

一张桌子打得好，团转都是龙围到。

花灯龙灯玩过后，主家年年常进宝。

多谢呀　多谢呀，多谢寨邻老幼们。

粗茶淡酒多担待，不看鱼情看水情。
一个杯子圆又圆，主人选酒选满衔。
花灯龙灯来过后，月进斗金日进银。

扫五方

一扫东方甲乙木，金银财宝扫进屋。
二扫南方丙丁火，招财童子就是我。
三扫西方庚辛金，秤称银子斗装金。
四扫北方壬癸水，我给主家扫口嘴。
五扫中央戊己土，金银财宝扫进屋。
左一扫来右一扫，瘟疫病邪扫出门。

（人们出大门，主家随后把大门关上，
插上门栓。）

参土地

自从盘古开天地，三皇五帝治乾坤。
自从盘古分天地，万古流传到如今。
自从主家筹灯愿，才来宝庙参拜神。
不提土地尤自可。提起土地有根生。
葫芦有籽花有把，水有源头树有根。
他家原是山西省，太原府内是他生。
东门之内有营寨，千里之外有坐城。
他家坐在木马寨，木皮盖瓦木遮身。
土地原是东家子，随娘带过马家门。
隔壁婆婆来包火，金盆打水洗金身。
将身洗得干干净，红罗帐内去安身。
过了三朝并一七，隔壁婆婆来取名。
大哥取名叫龙宝，二哥取名叫龙生。

三哥取名叫三宝，四哥取名胡三春。
大姐取名花满时，二姐取名花满银。
只有七弟年纪小，婆婆取名叫川针。
一母所生七姊妹，个个排行表得清。
只有大哥神通大，神通广大显威灵。
高房瓦屋他不坐，天门脚下去安身。
受了玉皇亲敕令，封为天门土地神。
只有二哥神通大，神通广大显威灵。
高房瓦屋他不坐，庙门脚下去安身。
受了玉皇亲敕令，封为庙门土地神。
只有三哥神通大，神通广大显威灵。
高房瓦屋他不坐，桥梁之上去安身。
受了玉皇亲敕令，封为桥梁土地神。
只有四哥神通大，神通广大显威灵。
高房瓦屋他不坐，田坎脚下去安身。
受了玉皇亲敕令，封为秧苗土地神。
只有七弟神通大，神通广大显威灵。
高房瓦屋他不坐，寨邻脚下去安身。
受了玉皇亲敕令，封为寨邻土地神。
大姐二姐无坐处，封为仙姑在天庭。
上等之人来敬你，雄鸡一只酒三杯。
中等之人来敬你，刀头一个酒三巡。
下等之人来敬你，清香三炷酒三杯。
花灯龙灯参拜你，保佑全寨得安宁。

参庙

自从盘古天地分，三皇五帝治乾坤。
前朝君王多有道，后有几朝无道君。

前秦后汉表不尽，要提仁宗有道君。
自从皇帝登龙位，风调雨顺国太平。
只因国母眼有难，四门张榜请医生。
天下医药都请尽，妙药难治眼睛清。
当天许下红灯愿，果然国母眼睛清。
一封圣旨捎天下，万民齐贺玉皇灯。
花灯龙灯从此起，万古流传到如今。
自从主家酬灯愿，才来宝庙参拜神。
上参玉皇张大帝，下参地府十阎君。
中参中朝仁圣主，三朝六部得知闻。
花灯龙灯参拜你，风调雨顺国太平。
参拜神来参拜神，参拜佛爷是真神。
佛爷本是范家子，太子脱化他为真。
释迦本是如来佛，金灵太子是他身。
他今不理皇宫事，番王将他问斩刑。
私自逃出皇宫外，特差韦陀把他追。
他在天空雷音寺，雪山顶上去修行。
大雪山上修六年，小雪山上修六春。
修得乌鸦来盖顶，修得茅草来遮身。
要知我佛降生日，四月初八是他生。
大佛菩萨上面坐，阿罗伽叶左右分。
花灯龙灯参拜你，莲花台上镇乾坤。
参拜神来参拜神，燃灯古佛是真神。
雪山顶上把道炼，不觉炼了几十春。
修得雪花来盖顶，修得明月来照身。
花灯龙灯参拜你，燃灯台上镇乾坤。
参拜神来参拜神，大成至圣孔圣人。
不提圣人尤自可，提起圣人有根生。

父亲本是淑良黑，柴氏夫人是母亲。
他坐天空雷音寺，东门之内本有名。
西门之内把道炼，南门之内传法名。
前传三千徒弟子，后传五百众贤人。
要知我佛降生日，八月二七是他生。
花灯龙灯参拜你，龙虎榜上中头名。
参拜神来参拜神，盖天古佛关圣君。
弟兄桃源来结义，乌牛白马祭天庭。
秉烛代弹威名广，五关斩将果然能。
五月十三单刀会，东吴儿郎咋掉魂。
要知我佛降生日，五月十三是他生。
关圣帝君上头坐，关平周昌左右分。
花灯龙灯参拜你，万马营中显威灵。
参拜神来参拜神，参拜药王是真神。
药王本是班家子，班真就是他的名。
他在山中把药找，突然现出一洞门。
洞内现出班真子，他今前往洞中行。
他今前往洞内走，八洞神仙出来迎。
他在洞中数十日，世上便是几百春。
要知药王降生日，四月二八是他生。
花灯龙灯参拜你，千家下药万家灵。
参拜神来参拜神，福禄文武二财神。
财神本是赵家子，他今便是赵公明。
他在洞中把道炼，长老和尚传法名。
七日七夜不沾食，不觉把道炼在身。
猛虎度他上天去，玉皇封为正财神。
花灯龙灯参拜你，千里求财转家庭。
参拜神来参拜神，南海岸上观世音。

观音本是庙家女，桩王本是他父亲。

桩王生下三个女，个个排行表得清。

大姐取名叫庙宇，二姐取名叫庙英。

只有三妹年纪小，取名庙三在家庭。

大姐修来招附马，二姐丢来报娘恩，

只有三妹年纪小，一心想起去修行。

桩王不准她修炼，估倒桩王去修行。

一修去到白雀寺，桩王点火烧四门。

烧了七天并七夜，烧得神嚎鬼哭声。

五百罗汉脱凡体，观音菩萨现真身。

要知观音降生日，二月十九是她生。

六月十九她得道，九月十九把位登。

观音菩萨上面坐，十二圆觉左右分。

花灯龙灯参拜你，救苦救难救良民。

参拜神来参拜神，牛马二王二将军。

他在天空把案办，玉皇差他下天庭。

玉皇将他差下界，水草三郎一路行。

要知牛王降生日，六月二十是他生。

牛马二王上面坐，水草三郎左右分。

花灯龙灯参拜你，牛成对对马成群。

参拜神来参拜神，东厨司命灶王君。

花灯龙灯参拜你，三餐茶饭要调匀。

调转身来调转身，参拜哼哈二真神。

你在天空无坐处，玉皇封你把山门。

白天只准人行走，夜晚休放邪魔行。

花灯龙灯参拜你，紧紧把守老山门。

参拜神来参拜神，参拜韦陀大将军。

花灯龙灯参拜你，脚踏四方定太平。

参拜神来参拜神，参拜鲁班是真神。

花灯龙灯参拜你，千家来请万家迎。

参拜神来参拜神，寒林会上众神灵。

花灯龙灯参拜你，释放孤魂早超身。

参拜神来参拜神，下坛三品是真神。

华光大帝当香位，统兵元帅把兵行。

赵侯圣主前引路，节节小姐一路行。

千千兵马表不尽，万万神将数不清。

花灯龙灯参拜你，兵不放来马不行。

参拜神来参拜神，庙门土地是真神。

花灯龙灯参拜你，保佑全寨得太平。

千千诸佛表不尽，万万神将数不清。

花灯龙灯参拜你，风调雨顺国太平。

图书在版编目（ＣＩＰ）数据

水东土司官衙：马头寨 / 政协开阳县委员会编 . -- 贵阳：贵州人民出版社，2017.11

ISBN 978-7-221-14449-2

Ⅰ . ①马… Ⅱ . ①张… ②何… Ⅲ . ①土司—城堡—介绍—开阳县 Ⅳ . ① K878.3

中国版本图书馆 CIP 数据核字 (2017) 第 270279 号

責任编辑：张良君　代　勇

装帧设计：刘　津

封面绘图：张锦玉

水东土司官衙——马头寨

政协开阳县委员会◎编

出版发行：贵州出版集团　贵州人民出版社

地　　址：贵阳市观山湖区会展东路 SOHO 办公区 A 座　邮编 /550081

印　　刷：深圳市新联美术印刷有限公司

版　　次：2017 年 11 月第 1 版

印　　次：2017 年 11 月第 1 次印刷

开　　本：1/16

字　　数：80 千字

印　　张：9.25

书　　号：ISBN 978-7-221-14449-2

定　　价：38.00 元